금리 하나 알았을 뿐인데

돈의 흐름이 풀리는 57가지 금리 사용법

금리 하나 알았을 뿐인데

ⓒ 이도훈 2023

1판 1쇄 2023년 1월 19일
1판 3쇄 2023년 6월 19일

지은이 이도훈
펴낸이 유경민 노종한
책임편집 이현정
기획편집 유노북스 이현정 함초원 **유노라이프** 박지혜 **유노책주** 김세민
기획마케팅 1팀 우현권 **2팀** 정세림 유현재 정혜윤 김승혜
디자인 남다희 홍진기
기획관리 차은영
펴낸곳 유노콘텐츠그룹 주식회사
법인등록번호 110111-8138128
주소 서울시 마포구 월드컵로20길 5, 4층
전화 02-323-7763 **팩스** 02-323-7764 **이메일** info@uknowbooks.com

ISBN 979-11-92300-44-3 (03320)

- — 책값은 책 뒤표지에 있습니다.
- — 잘못된 책은 구입한 곳에서 환불 또는 교환하실 수 있습니다.
- — 유노북스, 유노라이프, 유노책주는 유노콘텐츠그룹 주식회사의 출판 브랜드입니다.

금리하나 알았을 뿐인데

돈의 흐름이
풀리는
57가지
금리 사용법

이도훈 지음

유노
북스

"자산 시장의 중력을 이용하여 나아갈 것"

개인이 자산을 운용하면서 첫 번째로 공부해야 할 지표가 바로 금리다. 최고의 투자자 워런 버핏의 말처럼 금리는 자산 시장에서 중력처럼 작용한다. 금리가 변하면 자산의 가치가 변하기 때문이다. 금리를 제대로 이해하면 절대 손해는 보지 않는다고 생각한다. 당신이 만일 이제 재테크 공부를 시작하는 사람이라면 금리에 대해 먼저 공부해 보길 바란다. 이 책은 금리 공부의 좋은 길잡이 역할을 할 것이 틀림없다. 개인 투자자들이 꼭 알아야 금리에 대한 내용을 쉬우면서도 빼곡하게 잘 정리해 놓은 책이다.

이상건 미래에셋투자와연금센터장

"우리 생활에 적용할 수 있는 단 한 권의 금리 책"

이 책은 인플레이션 시대를 맞이한 우리에게 유익한 해결책을 제시한다. 은행원 이도훈은 고객과의 접점에서 쌓은 실무 경험을 살려 금리가 우리 생활에 미치는 영향과 이를 삶에 탁월하게 적용할 유용한 방법을 알려 준다. 금리를 알고 싶다면 꼭 읽어야 할 책이다.

박양섭 NH농협은행 본점 영업부 부장

"답답함과 궁금증을 풀어 주는 금리 사용 설명서"

직장인도, 자영업자도, 농민도 모두가 금리에 발을 동동 구르고 있습니다. 그런 여러분의 경제 사정을 가장 잘 아는 전문가가 금리의 모든 것을 정리했습니다. 금리 변동으로 불안하고 답답하다면 경제 환경을 예측할 수 있는 가장 중요한 지표인 금리부터 파악하세요. 무엇을 어떻게 해야 하는지 알 수 있습니다. 이 책이 여러분의 궁금증을 해결해 줄 것입니다.

하승봉 농민신문사 사장

금리를 제대로 알아야 금리를 이용할 수 있다

"금리요? 그거 은행에서 주는 이자 맞죠?"

맞습니다. 금리는 정기 예금의 만기를 채우면 주는 이자를 말하기도 하고, 은행에서 돈을 빌리면 내야 하는 빚을 뜻하기도 합니다. 금리에 대해 잘 알고 계시네요. 그렇다면 이 책을 덮지 말고 더 유심히 읽어 보셔야 합니다. 금리를 알고 있다면 혹은 모르고 있더라도 우리는 금리와 떨어질 수 없는 관계니까요.

"전 이미 금리에 대해 잘 알고 있는데요? 뭘 더 알아야 하나요?"

대출 이자가 올라서 생활이 어려워진 분도 있고, 정기 예금 이자가 많아져서 이득을 본 분도 있을 겁니다. 무인도에서 혼자 사는 분이 아니라면 우리는 끊임없이 금리의 영향을 받습니다. 그런데 무엇이든 대충 감으로 아는 것과 사실에 근거해 명확하게 아는 것은 큰 차이를 만듭니다. 예를 들어 갑자기 대출 금리가 올라가면 우리는 어떻게 행동할까요? 당장 생활비부터 줄입니다. 어떤 분은 이자를 감당하기 위해 투잡, 쓰리잡도 하게 됩니다. 그리고 대출 이자가 떨어지기만을 기다리면서 버티기로 합니다.

금리가 변동하는 원인을 모른다면 인상되는 금리를 보며 불안에 떨고 화가 나지만, 유동성 공급을 위해 돈을 풀었다가 거두어들이기 때문이라는 것을 알면 내 자산을 어떻게 관리할지 파악할 수 있습니다.

'금리=이자'라는 기본적인 의미 이외에 금리는 많은 법칙을 갖고 있습니다. 이 금리의 법칙들을 제대로 알면 나에게 일어나는 경제 문제들을 이해할 수 있습니다. 왜 대출 이자가 올라서 생활이 어려워지는지, 왜 정기 예금 이자가 많아져서 이득을 보는지, 왜 집값이 반토막 나는지, 왜 고공행진하던 주식이 곤두박질치는지 그 이유를 알고 설명할 수 있죠. 그리고 금리 때문에 피해를 보는 것이 아니라 금리가 나를 돕도록 이용할 수 있습니다. 대출 이자를 더 낮추고, 내 돈을 잘 지키고, 돈을 더 많이 불릴 수 있죠. 또한 어떻게 다시 돌아올 기회를 잡을지 전략을 세울 수 있습니다. 이 말은 나와 금리의 관계에 따라 재테크와 자산 관리의 방향이 완전히 달라진다는 것을 뜻합니다.

사계절이 반복되듯 경제 상황도 일정한 사이클이 반복됩니다. 이 사이클을 안다면 앞으로의 방향을 예측하여 순리에 맞게 투자할 수 있습니다. 이 경제의 흐름에 가장 큰 영향력을 행사하는 것도 금리입니다. 결국 금리를 알면 경제의 흐름을 예측하고, 투자도 잘할 수 있습니다. '앞으로 이런 일들이 펼쳐지겠구나', '그럼 여기에 투자하면 수익이 나겠구나' 하고 판단할 수 있는 능력을 갖게 되죠.

즉 나와 금리의 관계를 제대로 알면, 나와 금리의 관계를 재설정할 수 있습니다. 나와 금리의 관계를 재설정하면 내 인생까지 달라집니다. 그러므로 단 한 번뿐인 인생을 잘 살기 위해서 금리에 대해 알아야 합니다.

2022년에는 많은 사람이 하루가 다르게 오르는 금리를 지켜보며 힘들게 버텼습니다. 앞으로 금리는 떨어질까요? 아니면 더 오를까요? 뉴스를 봐도 명확하게 의견을 제시하는 사람이 없습니다. 다 아시겠지만, 전문가에게도 미래를 예측하는 것은 매우 어려운 일이기 때문입니다. 그럼 어떻게 해야 할까요? 그냥 내 마음에 드는 의견을 말하는 전문가를 믿고 따라가면 될까요? 당연한 말이지만, 전문가의 의견이 틀려도 손해를 보는 사람은 바로 '나'입니다. 모든 책임은 나한테 있죠.

버티고 버티다 이제 더는 버티지 못해 팔고 나면 오르는 게 바로 부동산이고 주식입니다. '조금만 더 버텨 볼걸, 참 운이 없다'고 후회하는 사람도, 지금은 손해를 봤지만 재투자를 위한 자금을 확보했고 생각할 수 있는 사람도 모두 '나'입니다. 그래서 어떤 선택이든 제대로 하기 위해서 금리에 대해 내가 제대로 아는 것이 중요합니다. 그럼 계속 전세를 살아야 할지, 집을 사야 할지 결정할 수 있습니다. 또한 부동산 투자를 다시 시작할 시점일지, 현금을 확보하고 기다려야 하는 시점인지도 알 수 있습니다. 마이너스가 된 주식을 팔지 보유할지도 판단할 수 있습니다.

결론적으로 금리만 알면 돈에 관련한 문제를 스스로 판단하고 현명하게 결정할 수 있습니다. 금리야말로 내가 부자가 되는 길로 나아가게 도와주는 나침반입니다.

모르면 불안에 떨지만 알면 대처할 수 있습니다. 저는 금리에 대해 전혀 모르는 분들도 누구나 이 책을 처음부터 끝까지 이해할 수 있도록 아주 쉬운 내용부터 자세하게 알려드렸습니다. 또한 나는 현재 상황에서 어떻게 해야 하는지 바로 알 수 있도록 실생활에 직접적인 도움이 드리려는 마음으로 내용을 정리했습니다. 금리의 개념을 시작으로 금리 변동에 따른 포트폴리오까지 차근차근 읽다 보면 금리 때문에 생기는 모든 문제와 궁금증에 대한 실마리를 찾고, 막연한 걱정과 두려움에서 벗어날 수 있을 겁니다. 또한 어느 새 우리 집 경제부터 우리나라와 세계 경제까지 어떻게 돌아가는지 눈앞에 그려지실 겁니다. '금리 사용 설명서'에는 그때그때 활용할 수 있는 방법을 하나부터 열까지 담았습니다. 최소한의 경제 지식부터 예금, 적금, 대출, 환율, 주식, 부동산, 원자재 투자까지 재테크에 대한 모든 해답까지 건져 가시길 바랍니다.

인생을 운에 맡기면서 살아가는 것보다는 내가 판단하고 결정해서 사는 것이 더 좋지 않을까요? 어려운 상황을 버티는 인내심도, 정리하고 새로 시작하는 결심도 모두 금리를 아는 것에서 시작합니다. 나를 힘들게 하는 금리의 나쁜 영향을 좋은 영향으로 바꾸세요. 그리고 금리의 좋은 영향을 더욱 크게 만드세요.

부디 이 책을 읽는 모든 분이 금리로 발생하는 현재의 상황을 이해하고, 힘든 시기를 이겨 내는 힘을 가지시길 바랍니다. 그리고 경제적으로 독립된 삶을 이루어 나가시면 좋겠습니다.

| 차례 |

돈은
관리하지 않는 사람에서
관리하는 사람으로
이동한다

데이브 램지 Dave Ramsey
(금융 전문가)

01
도대체 언제까지…
금리가 너무해?

"끝을 알 수 없는 금리 인상에 늘어나는 한숨"

"내일부터 주담대 금리 또 오른다"

"가파른 인상에 커지는 고통, 2030이 더 힘들다"

금리 인상 때문에 힘들다는 기사를 많이 보셨죠?

반면에 금리가 인상되어 돈을 번다는 기사도 많이 보셨을 겁니다.

"3억 원 넣으면 월 이자 100만 원"

"주식 대신 예금에 돈 넣을걸"

"은행 금리 5% 시대"

금리가 너무하다고 생각하시나요? 금리를 알면 경제 상황을 알 수 있고, 투자도 잘하고, 내 자산도 지킬 수 있습니다. 그럼 금리란 과연 무엇일까요? 금리의 상황에 따라 여러 가지 뜻으로 표현됩니다. '돈의 가격'도 되고, '돈의 사용료', '할인율', '이자율', '수익률'도 되죠. 넓게 보면 모두 같은 의미입니다. 다만 돈의 가격이나 할인율이라고 하면 확 와닿지가 않습니다. 금리를 가장 쉽게 설명하면 '빌려준 돈이나 빌린 돈에 붙는 이자'입니다.

돈을 빌린 만큼, 빌려준 만큼 쳐주는 대가

은행에 방문해서 1년 만기 정기 예금을 가입하면 1년 뒤에 원금과 이자를 받습니다. 은행에 돈을 빌려줬기 때문에 예금이 만기되면 은행에서 주기로 약속한 금리에 따라 이자를 받는 것입니다. 그런데 우리는 은행에 돈을 맡긴다고 생각하지, 은행한테 돈을 빌려준다고 생각하지는 않습니다. 돈을 맡기는 게 돈을 빌려주는 것과 같은 뜻인데도 상대가 '은행'이라서 혼란스럽습니다.

이런 예를 들어 보겠습니다. 친한 옆집 아주머니가 급전이 필요하다며 1,000만 원만 달라고 합니다. 이때 1,000만 원을 준다면 이건 그냥 맡기는 게 아닙니다. 옆집 아주머니에게 돈을 빌려주는 겁니다. 그래서 언제까지는 반드시 갚으라고 신신당부와 약속을 하죠. 옆집 아주머니는 급하게 돈을 준 데 감사해하며 빌린 1,000만 원과 이자까지 계산해서 돌려줄 겁니다.

여기서 '옆집 아주머니'를 '은행'으로 바꿔 보세요. 은행에서는 약속을 대신해 정기 예금 통장을 만들어서 고객에게 드립니다.

반대로 은행에서 대출을 해 본 분이라면 누구나 쉽게 이해할 수 있습니다. 은행은 이자 납부 날짜를 정해서 칼같이 이자를 받아갑니다. 하루라도 늦으면 연체 이자도 내야 합니다. 이것을 대출 금리, 대출 이자라고 합니다.

저도 평범한 직장인이라 아파트 담보 대출이 있어서 매달 원금과 이자를 갚습니다. 원금과 이자를 내는 날이면 열심히 번 돈이 통장에서 빠져나가니까 허탈하기도 하고 아깝기도 한데요. 다시 생각해 보니 은행에서 돈을 빌려주지 않았다면 집을 장만하기가 어려웠을 것입니다. 머리로는 대출이 고마운 일이란 걸 알지만, 왠지 은행이 야속한 건 어쩔 수가 없습니다.

이 아이러니한 생각을 바꿔 보겠습니다. 우리가 은행에서 돈을 빌릴 수 있는 것은 돈을 은행에 예치했기(빌려줬기) 때문입니다. 만약 저같이 은행에서 돈을 빌린 사람들이 돈을 갚지 않는다면, 은행은 당신이 빌려준 돈을 돌려주지 못할 것입니다. 극단적인 상황이라면 은행과 당신 모두가 망하게 됩니다. 그럼 돈을 빌리고 갚지 않은 이들을 원망하겠죠?

그래서 은행은 돈을 빌려간 사람들에게 어떻게든 대출 이자를 잘 받아 내서 은행에 돈을 예치해 준 고마운 고객에게 원금과 이자를 돌려주려는 것입니다. 돈을 빌리는 입장이 아닌 빌려주는 입장으로 고민해 보니 대출 이자를 더 잘 내야겠다는 의지가 샘솟네요.

경제를 이끄는 사람들의 금리에 대한 생각

저는 현재 은행 지점에서 일하고 있는데요. 은행에 방문하는 고객들이 이런 질문을 많이 합니다.

"요즘 이자가 얼마예요?"
"1년 정기 예금 하면 얼마나 받을 수 있나요?"
"어제 금리 올렸다고 하는데, 지금 말한 금리가 최선인가요?"

대출 금리를 묻는 고객보다 예금 이자를 묻는 고객이 훨씬 많습니다. 비대면 거래를 많이 한다고 하지만, 영업점에 방문하여 금리에 대해 상담하고 상품을 가입하는 고객의 비율도 매우 높습니다.

은행과 금리는 우리의 삶에 밀접하게 관여합니다. 현금을 많이 보유한 고객은 이자를 더 받기를 원하고, 대출이 많은 고객은 대출 이자를 적게 내고 싶어 합니다. 옛날이나 지금이나 돈에 대한 사람들의 심리는 똑같습니다. 기원전 1800년경 고대 바빌로니아 시대 사람들도 이자를 많이 받고 싶어 했으니까요. 그런데 은행이 이자를 많이 받으면 채무자가 이자만 내다 파산할 수 있으니까 그 당시 함무라비 법전에도 이자를 최고 33.33%까지만 받으라고 명시해 놓았습니다.

시대를 막론하고 경제를 좌지우지하는 사람들은 '금리는 일정한 범위 내에서만 움직여야 한다'고 생각합니다. 이자로 10,000%를 내야 한다면 돈을 빌린 사람이 도저히 살 수가 없겠죠. 그래서 금리는 일정 범위 내에서 상승과 하락이 반복됐습니다.

2022년 12월은 금리가 올랐습니다. 금리가 올라가면 현금을 많이 가진 분은 매우 좋습니다. 위험을 감수하면서 투자 상품에 가입할 필요 없이 정기 예금만으로도 만족스러운 돈을 벌 수 있으니까요. 2022년 12월, 농협은행에서 비대면으로 가입이 가능한 '올원e예금'의 경우 5% 이자를 받을 수 있습니다. 1억 원의 돈이 있다면 세전 500만 원을 받을 수 있죠.

반면 수신 금리가 5%이기 때문에 대출을 받으려는 분들은 당연히 5%보다 높은 대출 이자를 내야 합니다. 주택 담보 대출 금리가 2~3%였는데 이제 6~8%의 이자를 내야 하죠. 1억 원을 3% 금리로 대출받았으면 연간 300만 원만 이자를 내면 되는데 6%로 올랐으니 두 배인 600만 원을 이자로 내야 합니다.

팬데믹 시기, 2021년 우리나라에 부동산 광풍이 불어 20대와 30대도 집을 많이 구매했습니다. 당장 사지 않으면 평생 내 집 장만은 할 수 없을 것처럼 집값이 올라갔기 때문입니다. 금리가 높은 '영끌'하여 대출한 사람들이 가장 힘든 상황입니다. 그나마 2021년에는 금리가 낮았기 때문에 매달 월급으로 영혼까지 끌어모아서 받은 대출금 이자도 갚고 생활하는 데 문제가 크진 않았습니다.

그런데 2022년 들어서 금리가 오르기 시작하더니 연말에는 2021년보다 두 배 이상 뛰었습니다. 그동안 대출 이자를 매월 100만 원씩 냈다면 이제는 200만 원, 300만 원을 내야 합니다. 불과 1년이 채 안 되는 기간 급격하게 금리가 오른 만큼 급여도 올랐다면 괜찮겠지만, 아시다시피 급여는 거의 오르지 않았습니다. 월급은 정해져 있는데 이자 부담이 늘어나 생활비를 감당하기가 어려워졌습니다. 직장인들이 점심값을 낼 때도 손이 떨린다고들 합니다.

만약 2022년에 금리가 오를 것을 예상했다면 2030 세대가 집을 무리하게 구매했을까요? 실거주가 목적이 아니라 투자가 목적이었다면 금리에 대해 조금 더 공부했다면 좋았을 것입니다. 금리에 대해 알았다면 감당 못할 대출을 받지도 않고, 집을 구매하지도 않았을 테니까요.

어찌 되었든 좌절하고 있기보다는 반성하고 배우고 성장해 나가면 됩니다. 꼭 기억할 것은 경제를 이끌어 가는 사람들은 금리가 일정 범위 내에서 움직여야 한다고 생각한다는 점입니다. 즉 금리는 다시 내려갈 것입니다. 지금 많이 힘들더라도 참고 기다려야 합니다.

금리는 일정한 범위 내에서 움직입니다. 즉 지금 금리가 높다고 해서 앞으로도 계속 이자를 많이 받을 것이라 생각하며 미래를 설계하면 안 됩니다. 반대로 금리가 계속 올라가니까 더는 버틸 수 없을 것이라 생각하며 후회하고 좌절하지 않아도 됩니다. 금리는 '올라갔다 내려갔다'를 반복합니다. 지금부터 금리에 대해 알아 가면 후회와 걱정이 희망과 행복으로 바뀔 것입니다.

02

금리가
100%나 올랐다고?

"연준, 28년만에 75bp, 즉 0.75%p 파격 금리 인상"

"내년 3월까지 목표 금리 최고 4.875%까지 인상"

'퍼센트(%)'는 자주 써서 잘 아시죠? 백분율이라고 하는데요. 특정 수량을 전체 수량으로 나눈 후 100을 곱한 지수로써 '전체에서 일부가 차지하는 비율'입니다. 일반적으로 많이 사용하는 통계 지표입니다. 퍼센트와 이름이 비슷한 '퍼센트포인트(%p)'는 같은 듯 싶지만 다른 뜻이고, '베이시스 포인트(bp)'도 낯선 단위입니다. 이번에는 금리의 단위이자 경제 용어의 기초라고 할 수 있는 %p와 bp에 대해서 알아보겠습니다.

경제에 대한 이해가 달라지는
단위 읽는 법

%p는 두 퍼센트 간의 차이를 나타낼 때 사용하는 단위입니다. '퍼센트포인트'로 읽습니다. 예를 들어 전년도의 실업률이 3.0%이고 올해의 실업률이 6.0%일 때 퍼센트포인트로 표현하면 '실업률이 3%p 증가했다'고 합니다. 이것을 퍼센트로 표현하면 '작년 대비 올해 실업률이 100% 증가했다'고 합니다.

통계청에서 발표하는 통계 자료를 퍼센트로 표현하느냐 퍼센트포인트로 표현하느냐에 따라서 받는 느낌이 매우 다릅니다. 실업률이 100% 증가했다면 아주 큰 문제로 느껴지니까요. 그러므로 신문이나 뉴스를 볼 때 퍼센트와 퍼센트포인트를 구별해서 봐야 현실을 직시할 수 있습니다. 은행의 정기 예금 금리도 연 1%에서 연 2%로 올렸다고 하면 1%p밖에 안 올린 것이지만, 퍼센트로 환산하면 100% 상승한 것이 됩니다. 예금 금리가 100% 상승했다고 하면 은행 지점들이 난리가 나겠죠? 그래서 은행은 고객에게 오해를 불러일으킬 만한 표현은 절대로 쓰지 않습니다.

2015학년도 수능 영어 영역 25번 문제는 출제자가 %와 %p를 혼동하여 복수 정답으로 처리되었습니다. 그래프를 보고 옳지 않은 문장을 찾으라는 문제였는데요. 출제자가 의도한 정답은 보기 4번으로 "2012년 이메일 주소를 공개한 비율은 2006년보다 3배 높았다"였습니다.

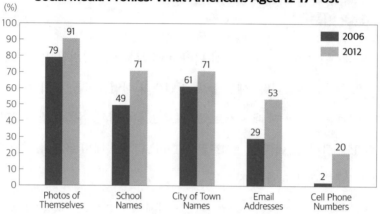

Social Media Profiles: What Americans Aged 12-17 Post

2015학년도 수능 영어 영역 25번 문제.

29%에서 53%으로 증가했으나 3배는 아니었기에 옳지 않은 문장으로 정답입니다. 쟁점이 된 문항은 보기 5번이었습니다. 보기 5번은 "2012년 휴대전화번호를 공개한 비율은 2006년보다 18% 증가하였다"였습니다. 언뜻 18% 증가가 맞는 것 같지만, "18%p 증가하였다"라고 해야 합니다. 만약 퍼센트로 표현하고 싶다면 2%에서 20%가 되었으므로 1,000% 증가했다고 말해야 합니다.

이번엔 'bp'에 대해 알아보겠습니다. bp는 베이시스 포인트(basis point)의 약자로 금리나 할인율을 나타내는 데 사용하는 단위입니다. '비피'로 읽습니다. 1bp는 100분의 1%를 뜻하며 0.01%p입니다. 저는 bp라는 단위를 대출 업무를 담당하면서 처음 접했는데요. 당시 팀장님이 대출 마진을 이야기할 때 '5bp', '10bp' 등 bp를 자주 사용했습니다. 5bp라면 0.05%p를 말합니다.

1bp=0.01%p

10bp=0.1%p

100bp=1%p

중앙은행이 빅스텝을 단행하면 0.50%p를 인상하는 것으로, 이를 bp로 표현하면 50bp가 됩니다. 1bp가 아주 작은 단위로 느껴지지만, 국제 금융 시장에서는 1bp라도 더 받거나 덜 주려고 치열한 경쟁을 벌이기도 하지요. 그래서 금융 기관끼리 "BP 전쟁을 벌이고 있다"라고 하기도 합니다. 만약 금액이 조 단위라면 1bp도 무시할 수 없겠죠? 1조의 1bp는 1억입니다.

'1,000,000,000,000(1조)×0.01%p(1bp)=100,000,000(1억)'

🏦 금리 사용 설명서 ──────────────

뉴스나 신문 기사를 볼 때 퍼센트(%)와 퍼센트포인트(%p)를 구별해서 확인하세요. 같은 통계 자료를 가지고 퍼센트로 표시하느냐 퍼센트포인트로 표시하느냐에 따라 전혀 다르게 판단할 수 있으니까요.

만약 기준 금리가 작년 2%에서 올해 4%가 되었다면 다음과 같이 표현할 수 있습니다.

→ 올해 기준 금리가 작년에 비해 200bp가 상승했다.

→ 올해 기준 금리가 작년에 비해 2%p가 상승했다.

→ 올해 기준 금리가 작년에 비해 100% 상승했다.

03
그 많던 돈은
누가 다 옮겼을까?

　한국은행이 금리를 조정하는 이유는 물가 때문입니다. 한국은행의 목표는 물가 안정을 통한 국민 경제의 발전입니다. 그래서 물가를 안정시키기 위해 기준 금리를 조정합니다. 경기를 부양하려고 기준 금리를 낮춰서 가계와 기업이 돈을 쓰게 만들거나, 돈이 너무 많이 풀려서 물가가 상승하면 통화량을 줄여서(기준 금리를 높여서) 경기를 조절합니다.

　한국은행은 기준 금리를 금융 통화 위원회를 통해 1년에 8번 공표합니다. 2022년에 들어서며 물가가 가파르게 올랐습니다. 중앙은행은 물가를 잡기 위해 고민했죠. 물가를 잡으려면 기준 금리를 올려야 했습니다. 왜 물가를 잡는데 기준 금리를 왜 올리는 걸까요? 이유는 일반적으로 기준 금리가 오르면 물가가 내려가기 때문입니다.

물이 적당해야 농사가 잘되듯
돈이 적당해야 경제가 좋아진다

기준 금리를 올리면 시장 금리가 올라가고 대출 금리도 함께 상승합니다. 대출 금리가 올라가면 은행에서 대출을 받고자 하는 사람들이 줄어듭니다. 사업을 확장하려는 기업도, 집을 구매하려는 개인도 이자가 부담스럽기 때문입니다. 금리가 오르면 기존에 대출을 받은 사람도 이자를 더 많이 내야 합니다. 소득액은 그대로인데 지출액이 많아지니 사람들은 소비를 줄일 수밖에 없습니다. 가계의 소비가 줄어들면 생산된 상품들의 판매가 이루어지지 않습니다. 기업은 많아진 재고를 처분하기 위해 물건값을 내리게 됩니다. 즉 전체적인 물가가 내려가게 되는 거죠.

물가가 물가 목표치보다 낮아지면 올렸던 기준 금리를 내립니다. 기준 금리를 내리면 시장 금리가 내려가고 대출 금리도 하강합니다. 대출 금리가 내려가면 사람들의 이자에 대한 부담이 줄어들고, 소비도 늘어납니다. 시장에 돈의 양이 많아지면 돈의 가치가 떨어집니다. 즉 물건을 구매할 때 기존보다 더 많은 돈을 내야 합니다. 물건의 양은 정해져 있는데 사려는 사람이 많아지니 물건을 파는 사람이 자연스럽게 물건의 가격을 올리기 때문입니다. 그래서 물가가 다시 상승합니다.

이렇게 설명하니 한국은행이 기준 금리를 조정하는 것이 매우 복잡하게 느껴집니다. 이해를 돕기 위해 이렇게 이야기해 보겠습니다.

물이 가득 찬 저수지 앞에 논이 있습니다. 여름에 비가 오지 않는 가뭄 상태가 지속되면 물이 부족하여 논이 메마르고 갈라집니다. 이때 저수지의 수문을 열어 물을 방류합니다. 그럼 황폐한 논에 물이 공급되면서 농사가 잘됩니다.

즉 기준 금리를 내리면(수문을 열면) 돈의 양이 많아져서(물의 양이 많아져서) 경제가 좋아집니다.

반대로 비가 많이 와서 논에 물이 가득 차면 논에 더 이상 물이 흘러가지 않도록 저수지의 수문을 닫고 둑을 더 높입니다. 물이 더 공급되지 않기 때문에 고여 있는 물이 서서히 다른 곳으로 흘러가며 빠집니다.

즉 기준 금리를 올리면(둑을 높이면) 돈의 양이 줄어들어서(물의 양이 줄어들어서) 경제가 좋아집니다.

한국은행은 이렇게 금리로 물가를 안정시키고 경제 안정을 도모합니다. 물가가 오르는 것이 성장에 도움이 되지만 너무 가파르게 올라가면 문제가 되고, 물가가 너무 낮아지면 경제가 성장하지 않습니다. 한국은행은 이러한 경제 상황의 중간 다리 역할을 합니다.

따라서 우리는 한국은행이 기준 금리를 발표할 때마다 이를 주시해야 합니다. 기준 금리를 올린다는 것은 경기가 과열되었다는 것을 의미합니다. 주식 시장과 부동산 시장의 투자 자금이 은행으로 옮겨 갈 수 있습니다. 돈의 흐름은 투자에서 매우 중요한데요. 돈이 흐르는 방향으로 순행하지 않고 역으로 투자한다면 손실을 볼 확률이 높아집니다. 돈의 흐름을 타고 어느 정도 수익을 내고, 돈의 흐름이 바뀌면 그에 맞춰 투자를 이어 가는 것이 가장 좋습니다.

🏛️ 금리 사용 설명서

기준 금리를 내리면 대출 이자율이 내려가면서 빚이 많은 사람이 유리해집니다. 채무자가 매년 갚아야 할 이자 부담이 줄어들기 때문입니다. 그래서 사람들이 은행에서 돈을 빌려 부동산에든 주식에든 투자하기가 쉬워집니다. 반면에 금리를 올리면 채권자에게 좋습니다. 돈을 빌려준 사람은 금리가 오르면 이자를 더 많이 받을 수 있으니까요. 즉 은행에 돈을 예치하는 사람입니다.

04

금리가
사과 한 상자라면

2022년에는 기준 금리를 인상한다는 뉴스가 연이어 나왔습니다. 한국은 물론 미국, 영국, 유럽에서도 기준 금리를 올렸는데요. 이 기준 금리(base rate)란 무엇일까요?

'기준'의 의미를 떠올려 보면 '기본이나 중심이 되는 금리'로 유추할 수 있습니다. 기준 금리는 '각 나라의 중앙은행이 정하는 기준이 되는 금리'를 말합니다. 대한민국에서는 한국은행에서 정하는 금리가 기준 금리입니다. 한국은행에서는 기준 금리를 '한국은행이 금융 기관과 환매 조건부 증권 매매, 자금 조정, 예금 및 대출 등의 거래를 할 때 기준이 되는 정책 금리'로 정의했습니다. 모든 금리의 기준이 되는 금리가 기준 금리고, 시장 금리는 '기준 금리를 제외한 모든 금리'라고 생각하면 됩니다. 쉽게 은행의 예금 금리와 대출 금리를 말합니다.

중앙은행은 경기 상황에 따라 물가를 안정시키기 위해 금리를 결정합니다. 중앙은행인 한국은행은 경기 침체가 우려되면 기준 금리를 인하하고, 경기가 과열되었다고 판단되면 기준 금리를 인상합니다. 즉 금리를 조정하여 금융 시장에 풀려 있는 돈을 조절함으로써 물가를 안정시키며 투기도 억제합니다.

반면 시장 금리는 정책 금리처럼 특정 기관에 의해 결정되지 않습니다. 경제 시장의 원리에 따라서 금리가 결정되고, 개인 및 기업은 신용 상태에 따라서 금리가 달라집니다. 기업이 실적이 우수하거나 개인이 신용 등급이 높다면 남보다 낮은 금리가 적용될 수 있습니다. 이와 반대로 기업이 실적이 저조하거나 개인이 신용 등급이 낮다면 시장 상황에 따라서 높은 금리를 이용하게 될 수 있습니다.

금리가 내 자산에
어떤 영향을 미칠까?

예를 들어 설명해 보겠습니다. 명절에 부모님께 사과 한 상자를 선물하려고 과일 가게에 가 보니 5만 원에 살 수 있었습니다. 아직 명절까지는 기간이 남아서 다음 주에 구매할 생각으로 집으로 돌아갔습니다. 그런데 며칠 뒤 갑자기 태풍이 불어서 전국에 있는 사과 농장 대부분이 피해를 입었다는 뉴스를 보게 되었습니다. 과일 가게에 다시 가 보니 팔 수 있는 사과가 거의 없다고 합니다. 사과를 사려는 사람은 그대로 인데 사과의 공급이 중단되니 자연스럽게 사과값이 올랐습니다. 사과 한 상자의 가격은 10만 원이 되었습니다. 피해를 입지 않은 몇몇 농장 은 큰돈을 벌었고, 나는 두 배의 가격을 내고 사과를 살 수밖에 없었습 니다.

다음 해, 지난 명절 때처럼 태풍이 오기 전에 빨리 사과를 사려고 과 일 가게에 갔습니다. 사과 한 상자에 1만 원이라고 적혀 있네요. 과일 가게 사장님에게 왜 이렇게 사과 가격이 떨어졌는지 물어봤더니 이유 는 이렇습니다. 작년에 사과로 큰돈을 번 농장주가 이번에 더 큰돈을 벌기 위해 사과에 엄청나게 정성을 쏟았습니다. 그런데 이번에는 태풍 도 오지 않고 날씨도 좋아서 사과 수확률이 작년보다 두 배로 늘어났습 니다. 사과 농장주는 작년보다 돈을 훨씬 많이 벌 것이라 기대하면서 기뻐했습니다. 하지만 그 농장만 사과 수확률이 높은 게 아니라 전국 에 있는 사과 농장의 수확률이 모두 두 배가 되었습니다. 그래서 올해 사과 한 상자 가격은 1만 원으로 떨어진 것입니다.

사과의 가격이 시장의 상황에 따라 달라지듯 금리도 금융 시장의 수 요와 공급에 따라 변화합니다. 금융 시장에서도 돈이 공급되지 않는 데 돈에 대한 수요가 늘어나면 금리가 올라갑니다. 반대로 금융 시장 에 돈이 넘치는데 돈에 대한 수요가 줄어들면 금리가 내려갑니다. 물 론 시장 금리가 수요와 공급에 따라서만 정해지는 것은 아닙니다. 기준 금리의 인상과 인하에 따라서도 변동됩니다. 기준 금리가 올라가면 시장 금리도 올라가고 기준 금리가 내려가면 시장 금리도 내려갑니다.

그럼 우리는 왜 기준 금리와 시장 금리를 알아야 할까요? 금리의 변화에 따라 가계 경제가 달라지기 때문입니다. 저축을 많이 해서 통장에 돈이 많은 사람은 금리가 오르면 입꼬리가 올라갑니다. 이자를 많이 받을 수 있기 때문이죠. 반대로 은행에서 대출을 많이 받은 사람은 금리가 오르면 입꼬리가 처집니다. 이자에 대한 부담으로 생활이 어려워지기 때문입니다.

한국은행 기준 금리 변동 추이

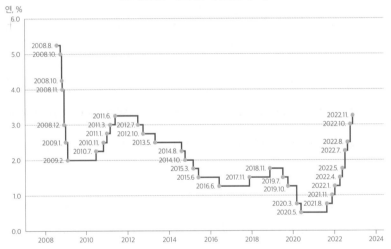

그래프를 보면 2020년 5월의 기준 금리는 0.5%p였습니다. 2022년 11월의 기준 금리는 3.25%p입니다. 6배가 넘게 증가했습니다. 기준 금리에 따라 시장 금리가 똑같은 비율로 증가하지는 않더라도 대출 이자는 큰 폭으로 상승하게 되었습니다. 만약 2020년 5월에 1억 원의 대출을 2.5%p로 받았다고 하면 연간 250만 원을 이자로 납부하면 됩니다. 2022년 12월에 대출을 받는다면 7%p로 대출이 가능합니다. 1억 원이면 연간 700만 원의 이자를 납부해야 합니다. 대출 금액이 1억 원이 아닌 5억 원이라면 연간 3,500만 원의 이자를 내야 합니다. 40년간 원리금을 같이 상환한다면 약 311만 원을 매월 갚아 나가야 합니다.

🎛 금리 사용 설명서 ─────────────────

기준 금리를 올린다고 하면 먼저 나의 재정 상태를 확인해야 합니다. 자신이 주로 이용하는 은행의 모바일 앱에 접속해 보세요. '마이데이터 자산 관리' 서비스에서 나의 자산 현황과 부채 현황을 한눈에 알아볼 수 있습니다. 금리가 오르면 갚아야 하는 대출 이자가 많아집니다. 이런 시기에는 고정 지출을 줄이고, 여유 자금이 있다면 대출 원금을 최대한 갚아 나가는 것이 좋습니다.

05

1,000만 원의 가격은 얼마일까?

　앞서 기준 금리와 시장 금리에 대해서 알아보았는데요. 이번에는 명목 금리와 실질 금리에 대해서 알아보겠습니다. 금리에도 다양한 이름이 있네요. 기준 금리 이외의 모든 금리는 시장 금리라고 말씀드렸다시피 명목 금리와 실질 금리도 시장 금리에 포함됩니다.

　명목 금리(nominal interest rate)는 '눈에 보이는 금리'입니다. 우리가 은행에 가서 "요즘 예금 금리가 얼마예요?", "주택 담보 대출 금리는 얼마인가요?"라고 물어보면 은행원이 금리를 알려 줍니다. "현재 정기 예금 금리는 연 5%입니다", "현재 주택 담보 대출 금리는 연 7%입니다" 하고요. 이렇게 '연 5%', '연 7%'라고 눈으로 확인 가능한 금리가 명목 금리입니다. 종종 바뀌지만 실제로 고시되어 있는 금리입니다.

실질 금리(real interest rate)는 '눈에 보이지는 않지만 체감할 수 있는 금리'입니다. 내가 실질적으로 이득을 얻을 수 있는 수준의 금리를 말하죠.

눈에 보이는 숫자가
전부는 아니다

현재 금리가 나에게 이득이 되는지 확인하는 방법이 있습니다. 명목 금리에서 물가 상승률을 빼면 됩니다. 예를 들어 현재 명목 금리가 5%고, 물가 상승률도 5%라고 가정하겠습니다. 그럼 명목 금리(5%)에서 물가 상승률(5%)을 뺀 실질 금리는 0%입니다. 은행 정기 예금 금리가 많이 올랐지만 물가 상승률도 똑같이 올랐다면 내가 실질적으로 얻는 이득은 0%입니다. 이익이 없다고 볼 수 있죠. 통장에 적힌 숫자만 늘어난 것입니다. 은행에 1,000만 원을 맡겨서 1년 후에 50만 원의 이자를 받으면 통장의 잔고가 많아집니다. 그런데 물가가 5%로 올랐다면 당신이 사려고 했던 3,000만 원 가격의 자동차도 3,050만 원이 됩니다. 결국 돈의 양이 늘어났지만 물건값도 올랐으니 이익이 없는 것입니다.

그런데 명목 금리와 물가 상승률이 동일하면 실질 금리가 제로(0)일까요? 실제로는 마이너스입니다. 이유는 명목 금리에 숨은 세금에 있습니다. 적금 이자가 3%라고 해서 만기 시 3%를 다 받는 것이 아닙니다. 항상 이자의 15.4%는 세금으로 내야 합니다. 명목 금리와 물가 상승률이 동일하면 실질적으로 나는 적금을 가입하고도 손해를 보게 됩니다.

월급 빼고
다 오르는 이유가 있다

직장인이라면 명목 금리와 실질 금리를 내 월급에 대입해 볼 수 있습니다. 어렸을 적 부모님이 "월급 빼고 다 오른다"라고 자주 말하셨는데요. 제가 직장을 다녀 보니 이제야 그 말뜻을 알겠습니다. 점심에 식당에서 밥을 사 먹을 때나 저녁에 친구와 술 한잔할 때도 물가가 많이 올랐다는 것을 즉각 느낄 수 있습니다. 그런데 내 월급은 많이 오르지 않았죠. 그렇다면 임금 상승률이 물가 상승률을 따라가지 못하는 겁니다. 즉 명목 임금과 실질 임금의 차이가 나는 것입니다. 회사에서 열심히 일하고 있지만 월급 오르는 폭(임금 상승률)이 물가 오르는 폭(물가 상승률)보다 작다면 나는 직장에 다닐수록 가난해지죠.

내 집 마련을 하려는 사람들은 모두 아실 겁니다. 5년 전에 봐 둔 아파트에 입주하려고 아끼고 아껴서 열심히 돈을 모았습니다. 그런데 이제 집을 사려고 하니 아파트 가격이 어마어마하게 올라서 살 수가 없는 거죠. 명목 금리보다 물가 상승이 높았기 때문에 이런 안타까운 일이 발생합니다.

지금으로부터 30년 전만 하더라도 물가 상승률이 예금 금리보다 낮았습니다. 즉 실질 금리가 높았습니다. 실질 금리가 높다는 것은 경제 성장이 활발한 상태라는 뜻입니다. 30년 전에는 우리나라가 급성장하는 시기였으니 은행에 저축만 해도 실질적인 수익을 얻을 수 있었습니다. 직장 생활 하면서 은행에다 꼬박꼬박 적금과 정기 예금만 부어도 자산을 불릴 수 있는 시기였죠. 부동산이나 주식 투자를 하지 않아도 월급만으로도 남부럽지 않은 성공을 이룰 수가 있었습니다. 하지만 현재는 개미처럼 열심히 일하면서 저축만 해서는 실질적인 자산을 늘리기가 어렵습니다. 실질 금리가 낮아졌기 때문입니다.

📜🄦 금리 사용 설명서 ────────

현재의 금리가 나에게 얼마나 이득인지 확인할 수 있는 리얼 금리의 공식이 있습니다.

'실질 금리=명목 금리-물가 상승률'

직장인이라면 실제 내 연봉이 얼마나 올랐는지 확인할 수 있는 공식이 있습니다.

'실질 연봉 상승률=임금 상승률-물가 상승률'

06

금리, 물가, 경제의
뜨겁거나 차가운 삼각관계

인플레이션, 디플레이션, 스태그플레이션. 한 번쯤 학교에서 시험을 보기 위해 외운 적이 있으실 겁니다. 교과서에서 봤던 이 단어들은 이제 우리 삶에 깊숙이 관여하게 되었습니다.

인플레이션의
두 얼굴

인플레이션의 시대가 시작되었습니다. 인플레이션(inflation)이란 '물가 상승'을 말합니다. 물건값이 올라가는 것을 뜻하죠. 어제는 라면 이 한 봉지에 1,000원이었는데 오늘은 2,000원이 된 것입니다. 이것이 물가 상승 인플레이션입니다.

인플레이션은 경제가 성장할 때, 호황일 때 자연스럽게 발생합니다. 인플레이션은 좋은 현상으로 볼 수 있죠. 경기가 좋아지면 지갑이 두둑해진 국민들의 소비가 늘어나니까요. 소비자의 수요가 늘어나면 기업은 제품을 더 생산하고 실적도 향상됩니다. 회사가 실적이 좋아지면 직원들에게 보너스도 더 주고 제품 생산을 위해 직원 고용도 늘리게 되죠. 실업률이 줄어들고, 소비가 많아지고, 경기가 계속 좋아지는 선순환을 이룹니다. 한마디로 변동폭이 크지 않은 인플레이션은 경제에 좋은 영향을 미칩니다.

호황이 아닌 경우에는 인플레이션이 문제입니다. 2022년이 딱 그런 해인데요. 러시아와 우크라이나의 전쟁으로 원자재 및 원유 공급에 차질이 생기면서 두 가지의 가격이 폭등했습니다. 물가도 급격하게 올랐습니다. 우리나라는 외국에서 수입한 원자재를 가공하여 다시 수출하는 산업이 주를 이룹니다. 그런데 원자재 값이 상승하면 기업은 물건의 가격을 올리고, 물가가 부담스러운 소비자들은 생필품 이외의 소비를 하기가 꺼려집니다. 소비가 줄어들면 기업의 실적이 나빠질 수밖에 없죠. 실적이 나빠지면 기업은 생존하기 위해 결국 직원들을 해고하는 일도 단행합니다. 경제가 어려워지는 악순환이 시작되죠. 중견 기업인 ㈜푸르밀이 팬데믹으로 사업을 접을 뻔한 사례를 예로 들 수 있습니다.

식어 버린 경제
디플레이션

디플레이션(deflation)이란 '물가 하락'을 말합니다. 물건값이 떨어지는 것을 뜻하죠. 3,000만 원 하던 신차가 2,000만 원이 되는 겁니다. 그럼 물건을 싸게 살 수 있으니 좋다고 생각할 수 있을 텐데요. 자본이 많은 사람이라면 좋을 수도 있겠지만, 디플레이션이 단순히 인플레이션의 반대 개념은 아닙니다. 디플레이션은 경기 침체 상태에서 물가가 하락하는 상황을 말합니다.

대표적인 디플레이션 나라가 일본입니다. '잃어버린 20년'이라는 말 들어 보셨나요? 일본은 플라자 합의 이후 큰 버블을 겪으면서 국민들의 빚도 많아지고 결국 경기가 침체되었습니다. 플라자 합의란 1985년 미국, 프랑스, 독일, 일본, 영국 G5의 재무 장관이 뉴욕 플라자 호텔에서 외환 시장에 개입해 강세인 미국 달러의 금리를 시정하기로 결의한 조치를 말합니다. 플라자 합의 이후 2년간 독일 마르크화는 57%, 엔화는 65.7% 절상되었고, 미국 달러 가치는 30% 이상 급락하였습니다. 이로 인해 미국 경제는 회복되고, 일본은 장기 불황을 겪게 되었습니다.

당시 일본은 집을 담보로 대출받을 때 집값은 1억 원인데 대출은 1억 2,000만 원이 가능했습니다. 집값이 계속 상승하는 것도 고려하여 집값에 120%까지 대출을 해 주었던 것이죠. 그런데 거품 경제가 터지면서 집값이 반토막으로 전락했습니다. 집값은 5,000만 원이 되었는데 대출은 그대로 1억 2,000만 원이 남게 되었죠. 집을 팔아도 7,000만 원의 빚을 지게 된 겁니다.

이런 상황이 닥치면 사람들은 소비를 줄일 수밖에 없습니다. 그럼 기업에서 생산된 물건들이 창고에 차곡차곡 쌓이게 됩니다. 재고가 늘어날수록 기업의 적자는 계속 커집니다. 결국 기업은 재고라도 처분하기 위해 물건값을 낮추게 되죠. 소비자들은 떨어진 물건값을 보고, 기다리면 더 저렴한 가격에 물건을 살 수 있을 거라고 생각하면서 소비를 계속 미루게 됩니다. 악순환입니다.

저성장, 고물가
스태그플레이션

스태그플레이션(stagflation)이란 '경기 침체 상태에서 물가가 상승하는 것'을 말합니다. 저성장 고물가 상태로 가장 안 좋은 상황입니다. 스태그플레이션은 보통 원자재, 유가 가격 등이 급격하게 상승하면 발생하는 경우가 많습니다. 오일 쇼크를 떠올리면 되겠네요. 석유값이 급격하게 올라가니 석유와 관련한 제품의 생산 비용이 증가했습니다. 그럼 기업은 물건 가격을 올릴 수밖에 없었겠죠. 갑자기 물건 가격이 오르면 사람들은 구매하지 않고, 기업들은 재고로 인해 수익성이 악화됩니다. 점차 사라지는 기업들도 증가하고, 결국 실직자들이 늘어나면서 나라 경제가 매우 어려운 상황에 처하게 되죠.

스태그플레이션이 진짜 무서운 이유는 이 문제를 해결하기 위한 정책을 실행하기가 쉽지 않다는 데 있습니다. 침체된 경기를 좋게 만들기 위해 기준 금리를 인하하는 정책을 펼치면 물가가 다시 상승합니다. 반대로 물가를 잡기 위해서 금리를 인상하는 긴축 정책을 펼치면 경기가 다시 안 좋아집니다. 이러지도 저러지도 못하는 진퇴양난에 놓이는 것이죠.

지금까지 인플레이션, 디플레이션, 스태그플레이션을 알아보았습니다. 그럼 궁금한 게 생기시죠? 대한민국의 경제 상황은 어떤지요. 우리나라는 본격적으로 인플레이션 시대를 맞이했다고 보면 됩니다. 2022년, 정부는 인플레이션을 막기 위해 기준 금리를 계속 인상했습니다. 물가 상승률을 잡아서 경기가 침체되지 않게 하려는 거겠죠.

🏅ⓦ 금리 사용 설명서 _____

우리에게는 무조건 소비를 줄여 돈을 아끼면서 저축하는 것만이 능사가 아닙니다. 변화하는 경제 상황을 예의 주시하면서 이 시기를 활용해 자산을 확대해야 합니다. 물가는 상승하는데 집값은 떨어지고 있으며 주식 시장도 2021년 대비 많이 떨어진 상태입니다. 물가가 급격하게 오르자 중앙은행이 물가를 잡기 위해 금리를 올렸기 때문입니다. 물가는 금리와 함께합니다. 금리가 오르니 주식 시장에 몰려 있던 자금이 은행으로 옮겨 가고, 금리가 오르니 대출 이자에 대한 부담이 커져 부동산 가격이 하락했습니다. 부동산에 투자하기에는 아직 많이 이른 시기라고 생각합니다. 앞으로 부동산 가격이 더 하락할 수도 있지만, 사실 최저점을 잡기란 어렵죠. 실거주를 위한 부동산 구매라면 2023년 하반기부터는 관심을 가져도 좋겠습니다.

07
골디락스의
시나리오

"곰 세 마리가 한 집에 있어. 아빠곰, 엄마곰, 애기곰"

골디락스 경제를 이야기해야 하는데 〈곰 세 마리〉를 부른 이유는 골디락스가 영국의 전래 동화인 《골디락스와 세 마리 곰》에서 유래했기 때문입니다. 동화를 읽어 보면 '아! 골디락스 경제가 이거구나' 하실 겁니다. 이야기는 이렇습니다.

금발 소녀인 골디락스는 어느 날 숲속에 들어갔다가 길을 잃고 말았습니다. 배고픈 상태로 길을 헤매다 오두막을 발견하고 들어갔는데요. 이 오두막은 곰 가족의 집이었습니다. 다행히 곰 가족은 외출을 해서 집에 없었어요. 배고팠던 골디락스는 식탁에 놓여 있는 세 그릇의 수프를 발견했습니다. 첫 번째 그릇에 담긴 수프는 막 끓였는지 아주 뜨거웠고, 두 번째 수프는 식어서 차가웠고, 마지막 수프는 뜨겁지도 차갑지도 않아서 먹기에 딱 좋았습니다. 입맛이 까다로운 골디락스는 '뜨겁지도 차갑지도 않아서 먹기에 딱 좋은 수프를 먹었습니다.

식사를 마친 골디락스는 이제 졸음이 쏟아졌습니다. 부엌을 지나 침실에 가 보니 이번에도 침대가 세 개 있었습니다. 첫 번째 침대는 아주 딱딱한 침대였고, 두 번째 침대는 쿨렁거리지만 부드러운 침대였고, 마지막 침대는 너무 딱딱하지도 않고 부드럽지도 않은 적당히 좋은 침대였습니다. 까다로운 골디락스는 이번에도 적당히 좋은 침대에서 잠을 잤습니다. 얼마 후 곰 가족이 외출을 마치고 돌아와 보니 가장 좋은 수프를 누가 먹어치웠고, 침실에는 소녀가 자고 있었습니다. 화가 난 곰 가족은 버럭 소리를 질렀습니다. 이에 놀라서 깬 골디락스는 죄송한 마음에 〈곰 세 마리〉 노래를 열창했습니다.

가장 이상적인
경제 상태

골디락스 경제(goldilocks economy)란 미국의 경제학자인 데이비드 슐먼이 처음 사용한 말인데요. '인플레이션이 우려될 만큼 과열되지도 않고, 경기 침체를 우려할 만큼 냉각되지도 않은 경제 상태'를 말합니다. 즉 골디락스 경제 상황은 잘 성장하면서 물가가 크게 상승하지 않는 이상적인 상태입니다. 이런 상황은 보통 불황기에서 호황기로 진행되는 과정에서 나타납니다.

미국 경제를 예로 들면 1996년부터 2005년까지가 뜨겁지도 않고 차갑지도 않은 적당한 수준의 골디락스 기간이었습니다. 이 시기에 중국, 인도, 구소련이 세계 경제로 편입되었죠. 세 나라가 보유한 노동력은 전 세계의 노동 시장에 충분한 노동력을 제공했는데요. 노동력이 뒷받침되니 임금과 물가 상승이 억제되고 생산성이 향상되었습니다. 그리고 저축 성향이 높은 중국과 아시아 국가들이 세계 자본 시장에 엄청난 자본을 공급했습니다. 이 자금이 국제 금융 시장에 자본 차입 비용을 낮추고 이자율도 낮은 수준으로 유지했죠.

한국도 1990년대가 골디락스 시기였습니다. 1997년 IMF 외환 위기가 오기 전까지는 말이죠. 우리나라는 1995년에 GDP 성장률이 10%를 달성할 정도로 고성장했습니다. 이는 일본의 플라자 합의와 고베 대지진의 영향도 있었는데요. 플라자 합의로 엔화가 절상했고, 고베 대지진은 엔화를 초강세로 만들었습니다. 엔화가 강세를 보이면 일본 제품보다 한국의 수출품의 경쟁력이 커집니다. 한국 수출 기업의 성장은 당시의 트렌드인 세계화와 맞물려 기업의 해외 진출과 설비 투자 확대로 이어졌습니다. 기업의 투자와 양호한 고용 여건은 한국에 골디락스를 가져왔습니다.

경제에 사계절이 있다면 골디락스 경제는 봄 같은 시기입니다. 봄이 지나면 여름이 오고 겨울이 오듯 경제는 사이클에 따라 순환합니다. 그래서 골디락스 경제도 계속 유지되기란 어렵습니다. 한국은 일본의 역플라자 합의로 수출품의 가격 경쟁력이 약화되었는데 기업들이 과도하게 대출받은 투자 자금이 문제가 되면서 외환 위기를 겪었습니다. 미국도 골디락스 상황 이후 자산 시장 거품의 붕괴를 맞이하며 2008년 서브프라임의 금융 위기를 겪었습니다.

금리 사용 설명서

골디락스 경제처럼 호황의 기간이 있다가도 시간이 흐르면 불황의 시기가 찾아옵니다. 이처럼 경기는 변화하기 때문에 경기가 좋은 상황에서는 수익을 추구하되 위험을 대비해야 합니다. 나쁜 상황에서는 리스크를 관리하면서 앞으로 찾아올 기회를 기다려야 합니다.

08

시장에 언제
돈이 풀리고 회수될까?

　전 세계 각 나라의 중앙은행은 물가 안정과 경제 성장을 목표로 합니다. 물가가 오르고 경제 상황이 좋지 않을 때 중앙은행은 기준 금리를 내려 물가를 안정시키고 경기를 부양하고자 합니다. 그런데 기준 금리를 제로(0)로 유지하는 초저금리 상태에도 경기가 살아나지 않으면 어떻게 될까요?

　2008년에 미국의 투자 은행 리먼브라더스가 6,700억 달러(당시 원화 환율 기준 700조 원)의 부채를 안고 파산했습니다. 이로써 미국은 심각한 경기 침체를 겪게 됩니다. 그래프를 보며 이야기하겠습니다. 미국의 중앙은행은 금융 위기를 극복하고자 기준 금리를 급격하게 내려 0에서 0.25% 사이로 금리를 유지했습니다.

미국 기준 금리 추이

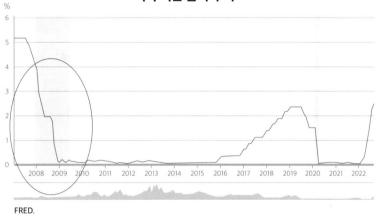

FRED.

그런데 기준 금리를 내려도 미국의 경제 시장은 침체에서 벗어날 기미가 전혀 보이지 않았습니다. 기준 금리를 더는 낮출 수 없자 미국 연방 준비 제도(연준, Fed)는 '양적 완화'라는 카드를 꺼내 들었습니다.

경제를 안정시키기 위한 중앙은행의 두 가지 카드

양적 완화(quantitative easing)란, '중앙은행 또는 이에 준하는 통화를 발행하는 기관이 정부의 국채나 일정 신용 등급 이상의 채권 등을 매입하여 경제 시장에 직접 유동성을 공급하는 정책'을 말합니다. 중앙은행의 기준 금리 조절이 간접적인 방법이라면 양적 완화는 시장에 통화량을 늘리는 직접적인 방법이죠.

2008년 금융 위기 이후 미국 연준은 기준 금리를 초저금리로 내렸지만, 시장에 반응이 없자 두 차례에 걸쳐서 양적 완화(QE1, QE2)를 진행했습니다. 그런데 양적 완화 조치를 두 차례 취했음에도 경기 회복의 기미가 보이지 않았습니다. 연준은 장기 채권을 매입하고 단기 채권을 매도하는 경제 정책인 오퍼레이션 트위스트도 진행했습니다. 이후에도 경제가 살아나지 않아 세 번째 양적 완화(QE3) 조치를 취하고, 0%의 금리를 유지하겠다는 포워드 가이던스 발표를 하고 나서야 미국의 경기가 점차 회복되었습니다.

1차 양적 완화	→	2차 양적 완화	→	오퍼레이션 트위스트	→	3차 양적 완화
(1조 7,500억 달러)		(6,000억 달러)		(6,670억 달러)		(1조 2,800억 달러) & 포워드 가이던스

이제는 경기 상황이 괜찮다고 판단한 중앙은행은 양적 완화로 풀어 놓은 돈을 천천히 회수합니다. 이렇게 양적 완화를 서서히 줄여 나가는 것을 테이퍼링(tapering)이라고 합니다.

테이퍼링은 '점점 가늘어지다', '끝이 뾰족해지다'라는 뜻으로 양적 완화 정책을 점진적으로 축소해 나가는 출구 전략입니다. 시장에 풀린 돈을 다시 회수하는 것으로, 물이 콸콸 나오던 수도꼭지를 잠근다고 생각하면 됩니다. 경기가 어느 정도 회복 국면에 들어섰다는 판단하에 테이퍼링 정책이 진행되는 것이죠.

그럼 양적 완화는 좋은 걸까요? 나쁜 걸까요? 양적 완화는 저금리를 유지하는 선진국에게는 경기 부양을 하는 유일한 방법이라고 볼 수 있습니다. 금리가 제로에 가까워지면 금리 인하를 더는 할 수가 없고, 통화 공급도 제한적일 수밖에 없습니다. 이런 상황에서 양적 완화는 시장에 통화를 직접적이고 강제적으로 공급하여 경기가 좋아지게 만드는 획기적인 방법입니다.

화폐를 추가로 공급하면 사람들의 소비 심리가 살아나 가게 소비도 늘게 되죠. 기업은 풍부한 자금을 바탕으로 공장을 짓고 사업 투자를 하며 생산 제품의 가격을 인하해 영업 이익이 증가합니다. 이로써 금융 시장은 기업 공개(IPO)나 인수 합병(M&A) 등을 통하여 투자의 선순환이 시작됩니다. 금융 감독원에서 발표한 〈2021년 IPO 시장 동향 분석〉에 따르면 2021년 IPO 기업 공모 금액은 2020년 대비 333.9% 급증한 19조 7,000억 원으로 역대 최대 규모였다는 것이 하나의 증거겠죠.

하지만 양적 완화가 좋은 면만 있는 것은 아닙니다. 본질적으로 최소 비용을 통한 최대 이윤을 추구하는 자유 시장 경제 체제에서 양적 완화는 인위적인 경기 부양책입니다. 시장은 수요와 공급에 따라 균형점을 찾아가는데 이를 억지로 바로잡으려 하면 문제가 발생할 수 있습니다.

경기 침체 상황을 세면대에 고여 있는 물이 천천히 빠지는 상태라고 생각해 봅시다. 물이 천천히 빠진다는 것은 배수구에 뭔가가 끼어 있는 것입니다. 그럼 이물질을 제거해야 하는데, 일단 급하니까 물을 더 세게 틀어서 배수구를 뚫어 버리려는 것이죠. 운이 좋으면 강한 수압에 의해 물이 잘 빠질 수도 있겠지만 이물질의 양이 많다면 어떻게 될까요? 배수구가 수압을 견디지 못해 터질 수도 있습니다.

한 가지 더 말씀드리면, 양적 완화로 통화량이 증대되더라도 이 돈이 가계 소비 시장에는 잘 공급되지 않습니다. 양적 완화는 중앙은행이 국채를 매입하는 것이기 때문에 그 돈이 주로 주식, 채권, 부동산 등 자산 시장으로 유입됩니다. 그래서 2021년에는 주식 시장도 호황이었고 부동산 가격도 천정부지로 올랐던 것입니다. 즉 겉보기에는 코로나19의 불황을 이겨 낸 것처럼 보였지만, 실제 경제 상황은 크게 좋아지지 않았던 것이죠. 오히려 전 세계적으로 양극화가 심화되고 빈부 격차는 더 늘어났습니다.

2022년 들어 러시아-우크라니아 전쟁이 터지면서 원자재 가격이 상승하고 물가도 가파르게 올라서 양적 완화를 끝내고 양적 긴축으로 전환할 수밖에 없게 되었습니다.

금리 사용 설명서

- 양적 완화: 금융 시장이 정상적으로 작동되지 않는 상황에서 중앙은행이 국채를 매입해 시중에 직접 돈을 공급하여 금융 시장을 안정시키는 정책입니다.
- 양적 긴축: 중앙은행이 금리를 인상하며 보유 중인 자산을 축소하면서 인플레이션을 억제하는 정책입니다.
- 테이퍼링: 양적 완화로 경기가 회복되어 갈 경우 중앙은행이 양적

완화 규모를 서서히 줄여 나가는 정책입니다.

- 오퍼레이션 트위스트: 중앙은행이 장기 채권을 사들이는 동시에 단기 채권을 파는 식으로 시중 금리를 조절하는 것입니다.
- 포워드 가이던스: 중앙은행이 정책 금리 또는 기준 금리의 방향에 대한 시그널을 전달하는 커뮤니케이션 방법입니다.

09

왜 미국이 금리를 올리면 다른 나라 금리는 더 오를까?

FOMC(federal open market committee)는 미국 연방 공개 시장 위원회를 말합니다. 미국 정부의 금융 정책을 결정하는 미국 연방 준비 제도 이사회(FRB: federal reserve board of governors)는 FOMC에서 지역 연방 준비 은행과 협의해 미국의 통화 정책을 결정합니다. FOMC는 FRB를 구성하는 이사 7명과 연방 준비 은행 총재 5명, 총 12명으로 구성됩니다. FOMC는 1년에 8번의 정례 회의를 개최하고 회의가 끝난 후 약 2주 후에 의사록을 발표합니다. 특히 8번의 정기 회의 중에 3월, 6월, 9월, 12월에 열리는 회의가 중요합니다. 경제에 큰 영향을 주는 중요한 금융 정책들이 결정되는 경우가 많기 때문입니다.

연준의 결정에 달려 있는
세계의 경제

"한국은행은 정부로부터 독립되어 있지만, 연준으로부터는 독립되어 있지 않다."

한국은행 이창용 총재의 말입니다. 이는 한국뿐만 아니라 전 세계 중앙은행에 공통적으로 적용되는 논리입니다. 연준이 공격적으로 금리 인상을 하면 대부분의 국가들은 강제적으로 금리를 올릴 수밖에 없습니다. 특히 신흥국은 금리를 큰 폭으로 올려야 합니다. 2022년 9월 기준 금리를 멕시코는 9.25%, 브라질은 13.75%로 올렸습니다.

이러한 이유는 자국 통화의 가치를 안정시켜 앞으로 발생할 물가 상승률을 억제하기 위해서입니다. 또한 신흥국의 기준 금리가 낮으면 신흥국에 투자된 외국 자본이 유출되는 역(逆)캐리 트레이드 현상이 나타날 수 있기 때문입니다. 1994년 미국의 앨런 그린스펀 연준 의장이 기준 금리를 올리면서 멕시코에 투자된 자금이 일시에 빠졌고, 결국 멕시코에 금융 위기가 발생했습니다. 이는 중남미, 러시아, 동남아시아, 한국까지 외환 위기에 빠뜨리는 결과를 초래했습니다. 즉 신흥국의 기준 금리가 낮다면 캐리 트레이드로 투자된 자금이 일시에 빠져나가며 통화 가치 하락과 증시 급락으로 이어질 수 있습니다.

캐리 트레이드(carry trade)란 '금리가 낮은 나라에서 자금을 조달하여 금리가 높은 나라의 주식, 원자재, 채권 등에 투자함으로써 수익을 추구하는 거래'를 말합니다. 대표적인 예가 일본의 '와타나베 부인'으로, 2005년 당시 제로 금리인 일본에서 엔화를 빌려 금리가 높은 호주와 뉴질랜드 투자하는 것이 인기였습니다. 일본과 달리 호주와 뉴질랜드의 기준 금리는 6~7%로, 일본과의 금리 차가 커서 일본의 개인 투자자들이 엔화를 빌려 적극적으로 해외에 투자한 것입니다.

세계 시장이 가장 주목하는
세 개의 보고서

미국 FRB와 FOMC는 정기적으로 경제 현황과 전망, 금리 정책 방향 등을 담은 보고서를 발표합니다. 그중 시장이 가장 주목하는 세 가지 보고서가 있는데요. 보고서 표지의 색깔에 따라 '베이지북', '그린북', '블루북'으로 불립니다.

베이지북(beige book)은 미국의 12개 지역 연준 각각의 경제 상황 보고서로써 미국 내 경제 추세 및 문제 상황을 보여 줍니다. 1년에 8차례 진행되는 FOMC 정례 회의 2주 전에 발표됩니다. 각 지역 연준은 기업 경영자, 민간 경제학자, 학자들의 인터뷰, 각 지역의 경기 및 기업 환경에 대한 평가를 수집하여 12개 지역의 은행 중 한 곳에서 베이지북으로 작성합니다. 그래서 회의의 분위기를 예측해 보는 지표로도 활용됩니다.

그린북(green book)은 FRB 산하 조사 통계국에서 발표하는 경제 전망 보고서입니다. FRB 소속 수석 경제학자들이 현재와 향후 미국 및 세계 경기에 대한 경제학자들의 전망을 작성합니다. 따라서 이 보고서의 경제 전망에 따라 FOMC의 금리 정책이 정해지는 경우가 많습니다. FOMC 회의 3주 뒤 공개되는 의사록 요지에 '조사 스태프의 예측'이라는 항목으로 일부 소개되며, 5년 뒤에 전문이 공개됩니다.

블루북(blue book)은 금융 정책 국장 등 FRB의 주요 간부들이 작성하는 보고서입니다. 금융 정책의 방향을 제시하며, 베이지북, 그린북, 블루북 중 가장 민감한 내용을 담고 있습니다. 연방 기금 금리를 인상할 경우, 인하할 경우, 동결할 경우 각각 어떤 장단점이 있는지를 설명해서 FOMC 위원들의 결정을 돕는 데 활용됩니다. FOMC 정례 회의 일주일 전에 위원들에게 전달되며, 블루북도 그린북과 마찬가지로 5년 뒤에 전문이 공개됩니다.

🔵 금리 사용 설명서

- FOMC: 미국 연방 공개 시장 위원회. 미국의 금융 정책을 결정하는 회의를 말합니다.
- Fed: 연방 준비 제도, 연준. 국가의 통화 금융 정책을 수행하는 미국의 중앙 은행 제도를 말합니다.
- FRB: 연방 준비 제도 이사회. 각 연방 은행의 운영에 대한 관리 및 연방 공개 시장 위원회가 의결한 통화 금융 정책을 수행합니다.

- FRBs(fedral reserve banks): 미국 12개 지역의 연방 준비 은행들입니다.

  연준은 미국의 중앙은행으로서 매년 8번의 FOMC를 통해 기준 금리 등 중요한 의사 결정을 합니다. 미국의 통화 정책은 글로벌 금융 시장에 큰 영향을 미치기 때문에 FOMC에 항상 관심을 두는 것이 좋습니다. FOMC 일정은 미국 연준 홈페이지에서 확인 가능합니다. 유튜브를 통해 FOMC를 실시간으로 생중계하는 채널도 있습니다.

미국 연방 준비 제도 이사회(FRB)

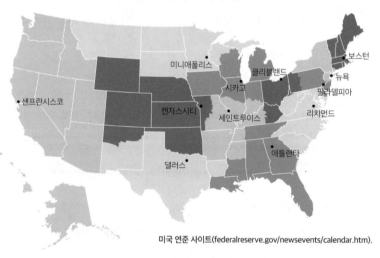

미국 연준 사이트(federalreserve.gov/newsevents/calendar.htm).

10
경제는
스텝 바이 스텝

"한은 빅스텝 유력"

"연준 또 자이언트 스텝"

경제 기사에서 '스텝'이 붙은 말을 자주 볼 수 있습니다. 빅스텝과 자이언트 스텝은 무엇일까요?

빅스텝이란 '중앙은행이 기준 금리를 한 번에 0.5%p 인상하는 것'을 말합니다. 자이언트 스텝은 '기준 금리를 0.75%p 인상하는 것'을 말합니다. 일반적으로 중앙은행이 기준 금리를 인상할 때는 0.25%p씩 올렸습니다. '기준 금리를 0.25%p 인상하는 것'을 베이비 스텝이라고 합니다.

기준 금리의
보폭을 넓히는 이유

미국의 중앙은행인 연준은 2004년부터 기준 금리를 인상하거나 인하할 때 0.25%p 단위로 조절했습니다. 마찬가지로 한국은행도 기준 금리를 0.25%p로 조절했죠. 그 이유는 기준 금리를 조금이라도 올리면 금융 시장에 미치는 영향이 크기 때문입니다. 그렇기에 시장에 최대한 충격을 주지 않고 물가를 조정하기 위해서 금리를 천천히 올리는 베이비 스텝을 밟았습니다.

0.25%p씩 기준 금리를 조절했던 미국 연준이 2022년 들어서 갑자기 금리를 0.5%p 올렸습니다. 베이비 스텝이 아닌 빅스텝으로 금리를 올린 것은 2000년 5월 이후 22년 만에 발생한 사건입니다.

2021년에 시행한 양적 완화로 시장에 막대한 유동성 자금이 투여되니, 2022년 들어 미국의 소비자 물가 지수가 40년 만에 가장 높은 수준으로 올라가게 되었습니다. 여기에 러시아-우크라이나 전쟁으로 인한 원자재 가격 상승도 지속적으로 물가 상승에 영향을 끼쳤습니다. 그래서 연준은 베이비 스텝으로 천천히 금리를 올려서는 물가를 안정시키기 어렵다는 판단하에 빅스텝을 단행한 것입니다. 2022년 5월 연준이 빅스텝으로 금리를 올렸지만 물가 상승률은 더 높게 치솟았습니다. 효과가 제대로 나타나지 않았죠. 연준은 원하는 물가 목표치 2%로 만들기 위해서는 빅스텝보다 더 강하고 빠른 금리 인상이 필요하다고 판단하게 되었습니다. 2022년 6월부터 연준은 네 차례에 걸쳐 자이언트 스텝을 밟았습니다. 무려 3%p(0.75%p×4)를 5개월 동안 인상한 것이죠. 이로 인해 미국의 물가 상승률이 둔화되었고, 2022년 마지막 금리 인상은 다시 빅스텝으로 진행했습니다.

우리나라도 베이비 스텝으로 천천히 금리를 조절하다가 미국의 급작스러운 금리 인상과 국내 물가 지수 상승으로 인해 2022년 7월 13일 사상 처음으로 빅스텝을 단행했습니다. 7월에 금리를 올리고도 물가는 계속 오르고, 환율에 대한 압박까지 받자 2022년 10월 12일에 다시 한번 0.5%p를 인상하여 기준 금리는 3.00%가 되었습니다. 2022년 11월 마지막 금리 인상은 베이비 스텝으로 마무리했습니다.

자이언트 스텝보다 더 많은 1%p까지 금리를 올리는 경우도 있습니다. 이를 울트라 스텝이라고 합니다. 베이비 스텝으로 금리를 인상하는 것도 경제에 큰 충격을 주는데 울트라 스텝으로 금리를 인상한다면 금융 시장에 미치는 파급력이 상당할 것 입니다.

			↑
		↑	↑
	↑	↑	↑
↑	↑	↑	↑
0.25%p	0.50%p	0.75%p	1.00%p
베이비 스텝	빅스텝	자이언트 스텝	울트라 스텝

물가를 안정시키기 위해 중앙은행이 기준 금리를 인상하는 것은 당연한 해결 방안입니다. 다만 급격한 금리 인상으로 경제 시장에 어떤 악영향을 미칠지는 앞으로 계속 지켜봐야 합니다.

🪙 금리 사용 설명서

연준에서 빅스텝이나 자이언트 스텝을 진행하면 주식 시장에 안 좋은 영향을 미칩니다. 보유한 주식에 악재가 없는데도 큰 폭으로 하락한다면 연준의 발표를 확인해 볼 필요가 있습니다.

11

어떻게 아무도
금리를 의심하지 않을까?

인플레이션의 목표치보다 물가가 많이 오르거나 경기가 과열되는 경우에는 이자율을 올려야 하고, 인플레이션의 목표치가 낮거나 경기 침체가 예상되는 경우에는 이자율을 낮춰야 한다는 경제 이론이 있습니다. 바로 테일러 룰입니다. 테일러 룰은 미국의 경제학자 존 테일러가 만들었습니다.

간단하게 경기가 과열되면 물건값이 올라가기 때문에 이자율을 올려서 시장의 통화량을 줄여야 하고, 경기가 침체되면 소비가 줄어들어서 물건값이 떨어지기 때문에 이자율을 낮춰서 시장에 돈을 풀어야 한다는 것을 말합니다. 중앙은행이 기준 금리를 조절하는 것과 같죠.

이렇게 경제에 돈을 공급하거나 제한하는 것은 가계 소비와 기업 투자에 영향을 줍니다. 시장에 돈을 공급하는 것은 기준 금리를 내리는 것으로, 금리가 내려가면 대출 이자 또한 내려갑니다. 대출을 받는 사람들의 이자 부담이 줄어들어 소비를 늘릴 수 있습니다. 기업은 자금을 더 쉽게 빌릴 수 있기 때문에 사업을 확장하거나 공장을 짓는 등 적극적으로 투자할 수 있겠죠.

반대로 금리를 올리면 대출을 받은 개인이든 기업이든 대출 이자가 부담스러워집니다. 납부해야 할 이자 금액이 2배, 3배로 올라가면 투자도 할 수 없고, 소비도 줄일 수밖에 없습니다. 물론 이런 상황이 지속되면 다시 물가가 내려가고, 물가가 내려가면 금리를 내리게 되어 소비가 늘어납니다.

적정 금리의
보폭을 정하는 기준

중요한 것은 대체 기준 금리를 언제 올려야 하고 언제 내려야 하는지 기준을 세우기가 어렵다는 것입니다. 한국은행 총재의 직감으로 정할 수 있는 게 아니니까요. 만약 중앙은행이 명확한 기준 없이 기준 금리를 변동한다면 시장은 이게 맞는 건지 의문을 품을 것입니다. 경제 시장을 바라보는 눈이 모두가 똑같을 수는 없으니 말입니다. 현재도 누구는 경제가 성장하는 시점으로 볼 수도 있고, 누구는 경기가 과열되었다고 볼 수도 있죠. 우리나라의 경우는 두 개의 거대 정당이 대권을 두고 경쟁하기 때문에 집권기에 경제 성장률을 높이기 위해서 경제 상황과 맞지 않는 통화 정책을 결정할 수도 있습니다.

여기서 테일러 룰이 중요한 역할을 합니다. 테일러 룰은 중앙은행이 기준 금리를 내려야 하거나 올려야 하는 시점을 테일러 방정식에 맞춰 명확하게 제시합니다. 중앙은행이 테일러 규칙에 따라 기준 금리를 조절하면 통화 정책에 신뢰성이 생깁니다. 또한 중앙은행이 통화 정책에 변화를 줄 때 테일러 규칙이 한발 늦은 처방이 아닌 즉각적인 도움이 될 수 있습니다. 그럼 테일러 룰을 한번 볼까요?

$$i_t = r_t + \pi_t + a_\pi(\pi_t - \pi_t^*) + a_y(y_t - \bar{y}_t)$$

방정식을 보는 것만으로도 머리가 복잡해지는데요. 이 방정식을 우리말로 풀어서 쓰면 다음과 같습니다.

'적정 기준 금리=성장률 갭+인플레이션 갭+인플레이션 목표치+지연 이자율'

정리하면 '적정한 기준 금리는 인플레이션과 성장률에 따라 정해지는 것'입니다. 따라서 중앙은행은 이 테일러 룰을 이용하여 적정한 기준 금리를 제시합니다.

테일러 룰처럼 연준의 목표는 고용을 극대화하고 적정한 인플레이션을 유지하는 것입니다. 고용 극대화는 경제 성장 극대화와 일맥상통합니다. 연준이 생각하는 완전 고용 상태의 기준은 미국의 실업률이 3% 내외고, 적정한 인플레이션 목표치는 2%입니다. 한국도 인플레이션 목표를 2%로 잡고 있고 유럽도 2%입니다. 중국은 3%를 목표로 하고 있습니다.

다만 미국에서는 2020년에 '평균 물가 목표제(FAIT, flexible average inflation target)'를 시행하겠다고 발표했습니다. 2%였던 인플레이션 목표를 고정하지 않고 유연하게 평균값으로 인플레이션을 유지하겠다는 정책입니다. 그렇다면 인플레이션 목표가 평균값으로 2%이기 때문에 일시적으로 2%가 넘어가더라도 용인됩니다. 평균 물가 목표제가 의미하는 바는 미국이 앞으로는 인플레이션 목표를 2.5% 정도로 하겠다는 방침입니다. 물가 목표를 2%에서 2.5%로 올리겠다는 것은 미국이 앞으로 경기 부양에 좀 더 힘을 쏟겠다고 선언한 것으로 볼 수 있습니다.

지금까지 테일러 룰에 대해 알아보았습니다. 테일러 룰을 이용해 적정 기준 금리를 계산하는 것은 중앙은행에서 하는 일입니다. 우리는 테일러 룰에 따라 제시되는 예상 금리와 미국 연준의 실제 기준 금리를 비교하여 그 차이가 크다면 앞으로 기준 금리가 올라가겠다는 것을 예측하면 충분합니다.

테일러 룰에 따라 제시되는 금리와 현재 중앙은행의 기준 금리를 비교해 보면 앞으로 금리가 더 오를지, 아니면 내릴지를 전망해 볼 수 있습니다. 테일러 룰에 따른 예상 금리 계산과 미국 기준 금리 비교는 아틀란다 연방준비은행(atlantafed. org/cqer/research/taylor-rule)에서 확인해 보세요.

12

주식에는 황소와 곰이, 금리에는 매와 비둘기가 있다

주식 시장에는 황소와 곰이 있습니다. 황소는 단단한 뿔로 적을 아래에서 위로 올려치며 공격하기 때문에 상승장을 의미하고(bull market), 곰은 서서 앞발로 적을 내리치며 공격하기 때문에 하락장(bear market)을 의미합니다.

주식 시장처럼 금리 시장에도 매와 비둘기가 있습니다. 2022년 초, 미국의 캔자스시티 연은 총재 에스더 조지와 클리블랜드 연은 총재 로레타 메스터가 매파로 분류되었고, 이 두 총재의 지역인 세인트루이스와 캔자스시티를 따서 이들을 '중서부의 매파'로 불렀습니다. 미국 대통령이 지명한 연준 의원이란 의미로 '워싱턴의 비둘기파'도 있습니다. 금융 통화 위원회에서는 비둘기와 매가 팽팽하게 맞선다고 하는데요.

매파와 비둘기파는 무엇일까요?

강경한 긴축파
온건한 부양파

매파와 비둘기파의 의미를 파악하기 전에 일단 매와 비둘기를 떠올려 보세요. 매는 날렵하고 강합니다. 저 높은 곳에서 아래로 빠르게 활강하며 순식간에 먹이를 낚아챕니다. 반대로 비둘기는 평화를 상징하고 온순해 보입니다. 이 느낌으로 매파와 비둘기파를 떠올리면 됩니다. 강하고 적극적으로 대응하려는 팀은 매파이고, 평화롭고 신중하게 대응하는 팀은 비둘기파입니다.

일반적으로 매파는 강경파입니다. 경기가 좋은 것을 넘어 과열돼 물가가 상승하면 금리를 올려서 경기 과열을 막으려는 세력입니다. '이제는 금리를 올리자', '긴축 정책을 시작하자'고 주장합니다. 반면에 비둘기파는 온건파입니다. 경기가 좋지 않아서 물가가 하락하면 금리를 내려서 경기를 부양하려는 세력입니다. '아직은 경기가 회복되지 않았으니 경기를 살려야 한다', '금리를 더 내려야 한다'고 주장합니다. 경기에 맞서는 세력은 매파, 경기를 부양하는 세력은 비둘기파라고 생각하면 됩니다.

매파와 비둘기파는 베트남 전쟁에서 유래되었는데요. 아까 말한 느낌대로 매파는 전쟁을 계속하거나 더 확대하자고 주장하는 강경파였습니다. 비둘기파는 미국이 전쟁을 더 이상 확대하지 말고, 현재 진행된 범위 안에서 원만하게 해결하자고 주장한 세력이었습니다. 현재 러시아와 우크라이나가 전쟁을 벌이고 있는데요. 각국 비둘기파의 목소리가 더 커지면 좋겠습니다.

미국의 FOMC, 한국의 금융 통화 위원회에는 매와 비둘기가 함께 살고 있습니다. 실제로 매와 비둘기가 싸운다면 당연히 매가 이기겠지만, 같은 종족끼리 싸워서는 얻을 게 없겠죠. 그래서 매와 비둘기는 현재의 상황을 판단하여 공존과 번영을 꾀하는 아이디어를 제시합니다. 즉 앞으로 경제가 어떻게 될 것인지 위원회 의원들이 각자의 의견을 적극적으로 피력합니다. 이에 따라 기준 금리가 올라가기도 하고 내려가기도 하고 또는 동결되기도 합니다.

매파적인 성향이 있다고 하여 늘 강경한 입장만을 제시하지는 않습니다. 코로나19로 경기 침체가 우려되는 상황에서 매파 성향을 가진 연준 의원들도 비둘기파의 의견에 적극 동의했고, 버블로 인한 경기 과열로 물가가 급등했을 때는 비둘기파도 금리 인상에 찬성했습니다.

🏛 금리 사용 설명서

매파가 옳은지 비둘기파가 그른지 판단할 필요는 없습니다. 매와 비둘기의 회의에서 나온 결과물을 보고 어떻게 판단하는지가 중요합니다. 매파와 비둘기파에 관심을 갖는 것이 아니라 기준 금리를 올렸는지 내렸는지를 보면 됩니다. 금리를 내린다면 왜 내리는지, 금리를 올린다면 어떤 이유로 올리는지에 대해 관심을 갖고 결과를 토대로 앞으로 어떻게 투자할 것인지 고민해야 하죠. 그래서 우리는 FOMC와 금통위의 발표에 적극적으로 귀 기울여야 합니다.

13

금리야
나 좀 구해 줘

앞으로도 금리가 계속 오를 것인가에 대한 답은 이미 우리가 알고 있습니다. 맞습니다. 금리의 상승세는 분명 멈춥니다. 그런데 그 시점이 언제가 될지 정확하게 예측하기란 어렵습니다. 저는 2023년 상반기까지는 추가적인 금리 상승이 있을 것이고, 2023년 하반기부터는 금리를 올리지 않을 거라고 예상합니다. 그리고 2024년부터는 기준 금리를 내릴 것이라 생각합니다.

저는 어떻게 이러한 예측을 할 수 있었을까요? 사실 금리는 소비자 물가 지수, FOMC 회의 내용, 연준 의원의 점도표 등으로 예상해 볼 수 있습니다.

FOMC와 경제학자들의 금리 전망

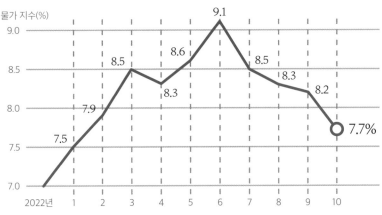

미국 소비자 물가 지수 추이

물가 지수(%)

미국 노동부.

기준 금리를 올리는 이유는 물가 상승률을 잡기 위해서입니다. 미국은 물가 상승률 평균 목표치 2%를 맞추기 위해 기준 금리를 올려서 물가를 낮추려고 했습니다. 처음에는 금리를 계속 올려도 물가 상승률이 꺾이지 않았지만, 지난 6월에 고점을 찍고 물가 상승률이 하향세를 보입니다. 물론 물가 목표치까지는 한참을 내려와야 하지만, 물가 상승률이 낮아진다는 것을 통해 앞으로 금리가 더 이상 인상되지 않을 것이라고 예상할 수 있습니다. 우리나라는 미국 기준 금리의 영향을 받기 때문에 미국이 금리를 올리지 않으면 더 인상하지 않을 것입니다.

"향후 금리 인상 속도를 결정하는 데 누적된 통화 긴축의 효과가 경제 활동 및 인플레이션에 영향을 미치는 시차를 고려할 것."

2022년 11월 FOMC 회의 결과에서도 비록 75bp를 인상하며 자이언트 스텝을 밟았지만, 앞으로 금리 인상 속도를 조절할 가능성이 시사되었습니다.

"(2022년) 12월 회의에서 금리 인상 속도 둔화를 논의할 것."

미국 연준 의장 제롬 파월도 기자 회견에서 말했습니다. 금리 인상 중단에 대한 기대는 시기상조라고 말하면서도 긴축 영역에 진입하였으니 향후 통화 정책의 초점은 '인상 속도(how fast)'에서 '최종 금리 인상 수준(how high)'과 '유지 기간(how long)'이 될 것이라고 말했죠. 결론적으로 한두 차례 더 기준 금리가 인상될 수 있지만, 그 이후에는 금리를 유지하거나 인하할 가능성이 있다는 것을 보여 줍니다.

다음의 그래프는 점의 개수로 양의 많고 적음을 나타내는 점도표입니다. FOMC에 참석하는 연준 의원들이 각자 점으로 찍은 금리 전망을 그래프로 나타낸 것입니다. 즉 점도표는 향후 미국의 금리 인하 또는 인상의 시기를 예고하는 중요한 지표입니다.

그래프를 보면 2023년에는 5%에 점이 많지만, 2024년에는 5%에는 점이 없고 4%에 몰려 있습니다. 점도표처럼 무조건 금리가 인하된다

FOMC 의사록 점도표

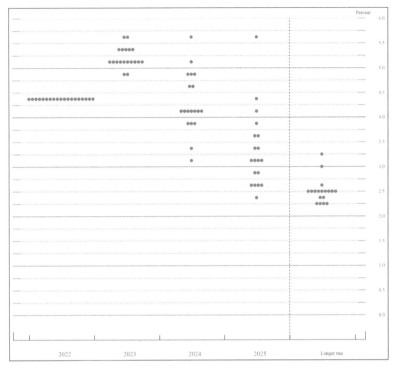

연방 준비 제도 이사회(2022년 9월 21일).

는 것은 아니지만, 미국의 기준 금리를 결정하는 연준 의원들의 생각이 반영되었다면 똑같지는 않더라도 금리가 인하될 것은 분명합니다. 그래서 2023년까지는 금리가 상승하다가 2023년 하반기나 2024년부터는 금리가 인하될 것으로 예상됩니다.

추가로 블룸버그에서 경제학자들을 대상으로 앞으로 기준 금리가 어떻게 변화할지 물었습니다. 금리가 2023년에는 5%가 될 것이고,

2024년에는 4%가 될 것이라는 전망이 많았습니다.

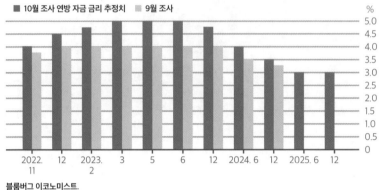

2023 5% 금리 전망

■ 10월 조사 연방 자금 금리 추정치 ■ 9월 조사

블룸버그 이코노미스트.

🏛️ 금리 사용 설명서 ───────────

금리 인상은 2023년까지 이어질 것입니다. 그리고 2024년부터 금리
가 인하될 수 있습니다. 금리가 변화하는 2024년은 새로운 투자 기회
를 잡을 수 있는 변곡점이 될 것입니다.

14
1금융권 거래 실적을 쌓아야 하는 이유

우리는 노동력을 제공하고 돈을 받습니다. 회사원은 회사에서 급여를 받고, 자영업자는 손님에게 물건값을 받습니다. 우리는 시간과 에너지를 돈과 교환하여 살아갑니다. 보통 생활비를 제외한 돈은 모아 둡니다. 돈을 장롱 깊숙한 곳에 보관할 수도 있지만, 분실할 위험이 있고 불어나지도 않겠죠. 그래서 우리는 금융 회사에 돈을 맡깁니다.

길게 맡길수록 좋은
예금 금리

예금 금리(deposit interest rate)란 '금융 기관이 돈을 맡긴 고객의 예금에 대하여 예금자에게 지급하는 금리'를 말합니다. 예금 금리는 상품에 따라 달라지는데요. 수시 입출금이 가능한 통장의 이율이 가장 낮습니다. 보통 0.1%의 이율이 적용됩니다.

추가 이율을 주는 입출금 통장 상품도 있습니다. 대표적으로 급여 통장입니다. 급여 통장 상품을 가입하고 실제로 급여가 입금되면 통장 잔액에 따라 2~3%의 이자를 주기도 합니다. 다만 모든 금액에 대한 이자를 주는 것이 아니고 상품에 따라 월별 100만 원, 300만 원 등 금액 제한이 있습니다. 예를 들어 100만 원의 3%라면 통장에 500만 원이 있을 경우 100만 원에 대한 이자로 3%를 주고, 400만 원에 대한 이자로 0.1%를 주는 식입니다. 겉보기에는 최대 3%지만, 실제로는 이자를 많이 주는 것이 아니죠.

이런 방식을 깬 통장이 있는데요. 바로 파킹 통장입니다. 파킹 통장은 시중 은행에 있는 곳도 없는 곳도 있지만, 인터넷 은행과 저축 은행에는 대부분 있습니다. 파킹 통장은 잠시 주차한 것처럼 돈이 잠시만 머물러도 이자를 주는 통장입니다. 일반 입출금 통장과 동일하지만 이자를 좀 더 많이 줍니다.

정기 적금과 정기 예금은 기간에 따라 금리가 달라집니다. 예를 들어 정기 예금 3개월 금리, 1년 금리, 3년 금리가 모두 다릅니다. 일반적으로는 기간이 길어질수록 금리가 높아집니다. 이유는 계약 기간이 짧은 상품은 금융 기관에서 더 자주 관리해야 하고 고객의 돈을 운용하기도 어려우니까요. 내가 친구한테 빌린 돈을 한 달 안에 돌려줘야 하는 것과 1년 후에 돌려줘야 하는 것을 생각해 보면 당연히 1년이 좋은 거죠. 은행도 마찬가지입니다. 그래서 기간이 길면 이자를 많이 줍니다. 다만 금리의 변동 폭이 크거나 저금리 상황이 지속된다면 1년 예금 금리와 2년 예금 금리의 차이가 없을 수도 있고, 2년 금리가 더 낮을 수도 있습니다. 당연히 이런 경우에는 1년으로 정기 예금을 하는 게 좋겠죠.

안정이 중요한
대출 금리

예금 금리에 이어 대출 금리를 알아보겠습니다. 대출 금리(interest on a loan)란 '금융 기관이 고객이 빌린 돈의 원금에 대하여 차주에게 지급받는 금리'를 말합니다. 예금 금리의 반대라고 보면 되겠죠. 결혼을 준비하거나 집을 사야 하는 등 인생에 큰일이 생기면 목돈이 필요합니다. 모아 놓은 돈이 많다면 그 돈으로 해결할 수 있겠지만, 대다수 사람은 돈이 부족합니다. 그래서 은행에서 돈을 빌리는데요. 이때 은행에 줘야 하는 금리가 대출 금리입니다. 대출 금리는 이렇게 계산합니다.

'대출 금리=기준 금리+가산 금리-우대 금리'

대출 금리를 결정하는 데는 기준 금리 같은 객관적인 지표도 들어가지만 신용 점수도 중요합니다. 내가 은행에서 대출을 받으려고 하면 나의 소득과 신용 등급이 어떤지를 은행이 심사하고, 심사 결과에 따라 대출 금액과 금리가 정해집니다. 신용 점수가 높고, 월급이나 매출 등 수익이 안정적이라면 저렴한 금리로 대출을 받을 수 있습니다.

반대로 신용 점수가 좋지 않고, 일용직 근로자와 프리랜서 등 불안정한 소득자라면 금리가 높아지고 대출 한도가 작아질 수 있습니다. 사실 안정적으로 급여를 받는 사람보다 불안정하게 급여를 받는 사람에게 대출이 필요한 경우가 많을 것입니다. 소위 취약 계층이 비싼 이자를 낸다는 것이 도덕적으로 옳지 않게 느껴질 수 있습니다.

하지만 은행의 입장이나 은행에 돈을 맡긴 고객을 생각해 보죠. 은행은 대출을 통해 안정적인 수익을 내야 하며 그러기 위해서는 신용도가 높은 사람에게 대출을 해 줄 수밖에 없습니다. 연체가 반복되고 원금을 상환하지 못해 파산하는 사람에게까지 대출이 된다면 은행은 존속할 수가 없고, 그런 은행에는 고객들이 돈을 맡기지도 않을 것입니다. 따라서 대출 금리가 높게 산정됐다면 불만을 제기하기보다는 앞으로 저렴한 금리로 대출을 이용할 수 있도록 지금부터라도 신용을 관리해야 합니다.

신용 점수를 잘 관리하고 연체도 없었는데, 대외적인 문제로 대출 금리가 상승하는 경우도 있습니다. 인플레이션이나 경기 침체 상황에서인데요. 물가가 상승하면 기준 금리를 올리게 됩니다. 중앙은행은 물가 안정을 목표로 기준 금리를 조절하여 물가를 떨어트리려 합니다.

이로 인해 대출 금리가 상승할 수밖에 없습니다. 실로 억울한 일이죠. 대출 금리가 오르면 이자 비용이 증가하며 생활이 더욱 팍팍해지니까요. 하지만 억울해하고만 있으면 앞으로 더욱 힘들어집니다. 금리가 오른 상황에서는 생활비를 줄여 가면서 대출 원금 상환을 위해 노력해야 합니다. 원금이 줄어들면 이자도 덜 낼 수 있으니까요.

주거래 통장으로 이용할 은행을 선택할 때 예금 금리를 많이 주는지도 중요합니다. 그런데 대출받을 상황도 고려한다면 시중 은행의 입출금 통장을 쓰는 것도 좋습니다. 정책 대출이나 주택 담보 대출의 경우 2금융권보다 금리가 낮으므로 시중 은행에서 진행합니다. 대출 금리를 낮추기 위해서는 급여 이체나 신용 카드 결제 등 거래 실적이 필요합니다. 앞으로 대출을 이용할 것 같다면, 1금융권의 계좌를 개설하여 거래 실적을 쌓는 것이 좋습니다. 대출 받을 일이 없다면 금리를 많이 주는 저축 은행의 파킹 통장을 이용하는 것도 좋은 선택입니다. 다만 파킹 통장보다 정기 예금의 금리가 높으니 일정 금액 이상이 모이면 정기 예금에 가입하세요. 정기 예금은 금융 사기를 예방하는 데도 도움이 되니까요.

🎗 금리 사용 설명서

대출 필요 유무에 따라 금융권을 선택하세요. 앞으로 대출이 필요할 것 같다고 생각된다면 무조건 1금융권을 이용하세요. 통장을 개설하여 급여를 수령하고 신용 카드를 발급하여 거래 실적을 쌓는다면 향후 대출 받는 데 유리합니다.

　대출을 받을 일이 없고, 모아 놓은 돈으로 이자를 많이 받고 싶다면 2금융권을 이용하세요. 다만, 이자 수령액을 포함하여 5,000만 원 이하로 정기 예금에 가입하세요. 예를 들어 5% 금리라면 4,800만 원 정도로 정기 예금에 가입하면 됩니다.

15

왜 저축 금리보다
대출 금리가 더 빨리 반영될까?

금리가 올랐다는 뉴스가 나오면 다음 날 어김없이 고객님들과 이런 대화를 나눕니다.

"정기 예금 금리 어제보다 올랐죠? 몇 퍼센트예요?"

"오늘은 금리가 안 올랐는데요. 어제랑 동일합니다. 기준 금리가 오른다고 정기 예금 금리가 바로 오르지는 않아요."

그럼 고객님은 이렇게 말합니다.

"대출 금리는 바로 올리면서 정기 예금 금리는 왜 늦게 올려요?"

정말 기준 금리가 오르면 대출 금리는 바로 올리고 정기 예금 금리는 나중에 올릴까요? 꼭 그렇지는 않습니다.

같은 이자도 받을 때보다 갚을 때 더 크게 느낀다

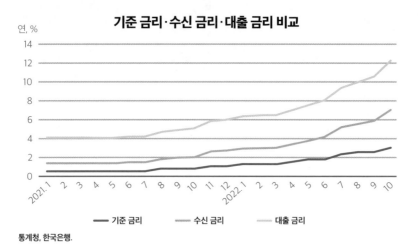

기준 금리·수신 금리·대출 금리 비교

연, %

통계청, 한국은행.

그래프는 2021년 1월부터 2022년 10월까지 한국은행 기준 금리 인상에 따른 수신 금리와 대출 금리의 변화입니다. 기준 금리가 상승함에 따라 수신 금리도 상승하고 대출 금리도 상승합니다. 특별히 수신 금리가 늦게 반영된다는 것을 확인하기가 어렵습니다.

실제로 2022년에는 기준 금리가 인상되면 저축 금리(수신 금리)도 거의 즉시 반영됐습니다. 은행들의 금리 경쟁도 있었을 것입니다. 금리에 국민 모두가 민감한 상태였기 때문에 저도 매일매일 금리를 확인했습니다. 대출 금리라고 해서 기준 금리를 바로 반영해서 올리고 수신 금리라고 해서 늦게 반영해서 올리지 않았습니다. 하지만 고객 입장에서는 다르게 느끼셨을 수도 있습니다.

일반적으로 기준 금리가 오른다고 하여 내가 이용하는 대출 금리가 바로 인상되지는 않습니다. 이유는 나의 대출 금리에 기준 금리가 바로 적용되지 않기 때문입니다. 대출 금리는 '기준 금리+가산 금리-우대 금리'로 정해지는데요. 여기서 기준 금리는 보통 COFIX 3개월, 6개월 등 대출 실행 시 선택한 시장 금리로 설정이 되어 있습니다. 따라서 나의 대출 금리가 바뀌는 것은 설정된 기준 금리에 따라 기간이 되어야 (COFIX 3개월이라면 3개월이 되는 시점) 바뀌게 됩니다.

문제는 이렇게 변동될 때 금리가 갑자기 많이 오르면 심리적으로 느끼는 고통이 커지는 것입니다. 이를 손실 회피 편향이라고 합니다. 10만 원의 이자를 받을 때 느끼는 행복감보다 10만 원의 이자를 더 내야 할 때 느끼는 상실감이 더 크다는 것입니다. 실제 연구 결과에 따르면 정서적으로 두 배의 차이를 느낀다고 합니다.

변동된 금리를
예금에도 적용받는 방법

저축 금리의 경우도 그래프와 같이 기준 금리가 인상되면 같이 인상됩니다. 다만 고객들이 가입돼 있는 정기 예금은 보통 1년이나 2년 만기 상품이고 고정 금리이기 때문에 기준 금리 인상분이 반영되려면 시간이 소요됩니다. 정기 예금을 해지하고 새로 가입해야 인상된 금리로 적용할 수 있다는 의미입니다. 그런데 정기 예금은 만기에 해지해야 처음 결정된 이자를 모두 받을 수 있기 때문에 대부분은 만기까지 기다립니다. 중도에 해지하면 중도 해지 이자를 받습니다. 중도 해지 이율은 상품에 따라 다르지만 원래 이자보다는 한참 적습니다. 따라서 금리가 오르더라도 나의 정기 예금 이자가 즉시 올라가지 않은 이유는 정기 예금이 고정 금리 상품이기 때문입니다.

만약 금리 인상분을 바로바로 반영받고 싶다면 정기 예금도 변동 금리 상품으로 가입하면 되겠지만, 일반적인 정기 예금은 모두 고정 금리입니다. 고정 금리가 아니고 변동 금리의 정기 예금이라면 금리 변화에 따라 이자가 적어질 수 있으니 가입률이 떨어질 수밖에 없죠. 그리고 사람들 대다수가 '정기 예금은 고정 금리'라고 알고 있기 때문에 변동 금리 상품이 출시되기가 어렵습니다. 그렇다면 기준 금리가 올라도 가만히 지켜보고 있어야만 하는지 의구심이 생길 것입니다.

기준 금리가 오를 것을 예상하고 오른 금리로 이자를 적용받고 싶다면 회전 예금을 가입하면 됩니다. 회전 예금은 만기를 설정하고 회전 주기를 선택하면 회전 주기가 도래했을 때 이율이 변동됩니다. 대출 금리가 변동되는 것과 동일합니다. 2년 만기 3개월 회전 정기 예금에 가입하면 만기는 2년이지만 3개월마다 변동된 이자를 적용받습니다.

가입 후 3개월까지는 최초 가입 시 적용받았던 이율로 이자를 지급받고, 3개월이 도래하는 날 금리가 오르면 오른 금리로 설정되는 것이죠. 예를 들면 가입 시 이율이 4%였는데 3개월이 지난 시점에 4.5%라면 이이율로 3개월을 적용받습니다. 그리고 3개월이 다시 지났을 때 5%가되었다면 5%의 이율로 3개월을 적용받습니다.

회전 예금은 금리 인상분을 정기적으로 적용받는 장점이 있지만, 금리가 떨어지면 떨어진 금리를 적용받는 단점도 있습니다. 또한 회전주기에 따라 금리가 변동되기 때문에 일반적인 정기 예금 상품보다는 금리가 약간 낮게 설정됩니다.

🪙 금리 사용 설명서 _____

대출 금리는 변동 금리로, 금리 산정 주기가 도래하면 기준 금리 및시장 금리 변동에 따라 대출 금리가 반영됩니다. 저축 금리는 고정 금리로, 일반적인 정기 예금의 경우 1~2년 만기 상품이기 때문에 금리 적용이 늦게 반영되는 것처럼 보입니다. 이자를 많이 받기 위해서는 기존에 가입했던 상품의 금리와 현재의 금리를 주기적으로 비교하여 금리 인상이 많이 되었다면 만기를 기다리지 말고 해지 후 새로 가입하는것이 좋습니다.

16
은행마다 금리가
다른 까닭

직장을 다니기 전까지는 학생 신분으로 돈을 소비하기만 했습니다. 부모님께 받은 용돈으로 어떻게 한 달을 생활해야 할지만 고민하고, 그 돈의 일부를 모을 생각은 전혀 하지 못했습니다. 용돈이 넉넉하지 않았으니까요. 일하며 돈을 벌기 시작해서야 적금에 가입했고 실질적인 금리 차이를 경험하게 되었습니다.

고객님들이 은행에 방문해서 적금 금리를 물어볼 때마다 저는 제가 가입한 적금 상품의 금리를 알려드렸습니다. 그럼 고객들은 저에게 "여기는 왜 이렇게 금리가 낮아요? 다른 데는 여기보다 훨씬 높던데요?"라고 말했습니다. 입사 초기에는 저도 잘 몰라서 "은행이 다르니까 적금 금리도 다를 수 있어요. 1금융권과 2금융권의 차이로도 금리 차이가 생기고요"라고 대답했습니다. 그 이후에 진짜 차이가 많이 나는지 타 은행과의 금리 차를 알아보았습니다.

확실히 제가 근무하는 은행보다 높은 금리를 주는 은행이 더러 있었습니다. 저축은행, 새마을금고처럼 2금융권이 아니라 같은 1금융권이었죠. 이율이 높으니까 일단 그 상품에 가입해 봤습니다. 그런데 가입 전에는 분명 적금 상품 연이율이 10%로 적혀 있었는데, 가입하고 나니 금리가 3.5%로 바뀌어 있었습니다. 대체 10%는 어디로 갔는지 상품 설명서를 뒤져 보니 나머지는 우대 금리였습니다. 즉 우대 금리 조건을 충족하지 못하면 3.5% 적금이 되는 것이었습니다. 오히려 제가 근무하는 은행의 적금 상품 이율이 더 높았습니다.

은행마다 이자가 차이 나는 것은 음식점마다 가격이 다른 것과 동일하게 생각하면 됩니다. 같은 콤비네이션 피자라도 어떤 가게에서 파느냐에 따라 가격이 다릅니다. 재료비, 인건비 차이도 있을 것이고, 프랜차이즈 피자인지 개인이 만든 피자인지에 따라서도 달라집니다. 은행도 자금 조달 비용이 다르고, 현재 운용하는 자금의 규모와 수익도 다릅니다. 모두 똑같은 금리 체계를 운영하기는 어렵기 때문에 지점마다 이자 차이가 생겨납니다.

이렇듯 어쩔 수 없이 차이나는 금리는 제외하더라도, 금리 차이가 확연한 상품은 왜 금리가 높은지 한번 확인해 볼 필요가 있습니다. 바로 은행에서 말하는 기본 금리, 우대 조건 금리, 가산 금리를 살펴봐야 하는 것이죠.

은행에서 말하는
기본 금리, 우대 조건 금리, 가산 금리

은행의 기본 금리는 '시장 금리'를 말합니다. 한국은행에서 기준 금리를 발표하면 금융 시장의 수요와 공급에 따라서 은행의 기본 금리가 결정됩니다. 은행마다 기본 금리에 차이가 있지만, 기본 금리를 결정하기 위해 사용하는 콜 금리, CD 금리, CP 금리, 국공채 금리가 동일하기 때문에 그 차이가 크지 않습니다.

기본 금리에 차이가 없다면 바로 우대 조건 금리에서 저축 금리의 차이가 납니다. 우대 금리란 '은행이 기본 금리에 추가해서 주는 금리'를 말하는데, 일정 조건을 달성해야 받을 수 있습니다. 일반적으로 은행이든 증권사든 상품을 홍보할 때는 최대 금리로 표시합니다. 2022년 말 최대 금리가 연 13.7%인 적금 상품도 출시되었는데요. 기본 금리 연 3.7%에 우대 금리가 10%입니다. 즉 이 적금도 우대 조건을 모두 달성해야 13.7%의 이자를 받을 수 있습니다.

그럼 우대 금리 조건을 살펴보겠습니다. 우대 금리 조건은 상품마다 달라집니다. 기본 조건은 신용 카드 실적에 따른 우대 금리, 급여 이체 실적에 따른 우대 금리, 자동 이체 실적에 따른 우대 금리 세 가지입니다. 내가 이용하는 주거래 은행이라면 자동으로 충족되는 우대 금리라고 볼 수 있습니다. 주거래 통장은 보통 급여가 입금되는 통장과 연결하여 신용 카드를 만들고 카드 대금을 결제합니다. 또한 급여 통장에서 공과금, 보험료 등이 자동 이체로 출금됩니다. 금융 회사는 이렇게 주거래로 이용하는 고객을 '내 고객'으로 만들기 위해 노력합니다. 한 번 이렇게 이용하면 쉽게 다른 은행으로 바꾸지 않기 때문이죠.

공통되는 우대 금리 조건 외에는 비대면 개설 계좌에 따른 우대 이율, 첫 거래 시 받는 우대 금리, 이벤트 조건 달성에 따른 우대 금리가 있습니다. 이벤트 조건 달성에 따른 우대 금리는 적금 상품마다 달라지는데요. 이벤트 달성을 내가 할 수 없는 상품도 있고, 할 수는 있지만 매우 어려운 상품도 있습니다. 내가 달성할 수 없는 이벤트 조건은 스포츠 경기 우승이나 특정 번호 당첨 같은 것입니다. 운으로 추가 우대 금리를 받는 상품이죠.

내가 할 수 있지만 달성하기 어려운 이벤트 중에는 1일 걸음 수에 따라 우대 금리를 주는 조건이 있습니다. 건강에 대한 니즈가 높아지고 걷기 운동에 인센티브를 제공하는 각종 앱이 생겨나면서 금융권에서도 걸으면 우대 금리를 주는 상품들이 판매되고 있습니다. 걸을수록 이자가 많아지고, 국립 공원이나 올레길 등에서 위치를 인증하면 금리를 추가로 제공합니다. 이런 상품은 걷기를 좋아하는 사람은 달성하기 쉬울 수 있지만, 그렇지 않은 사람은 달성하기 매우 어려운 우대 조건이라 볼 수 있습니다.

가산 금리(스프레드)는 '기준 금리에 신용 등급 같은 조건에 따라서 덧붙이는 금리'를 말합니다. 보통 대출 금리를 정할 때 기본 금리에 가산 금리를 더합니다. 대출자가 신용도가 높고 다니는 직장이 안정적이어서 대출 상환의 위험이 작다면 가산 금리가 낮아지고, 반대로 신용도가 낮고 수입이 불확실하여 위험이 많으면 가산 금리가 높아집니다. 기본 금리에 가산 금리를 더해서 대출 금리를 결정하는데, 우대 금리 조건을 충족하면 일정 금리를 차감해 줍니다. 대출에서의 우대 금리 조건은 저축 상품에서의 우대 금리 조건과 비슷합니다. 대출을 실행하는 은행 입출금 계좌로 급여를 받거나, 신용 카드를 일정 금액 이상 사용하거나, 자동 이체 등록을 하면 충족되는 조건 등이 있습니다.

은행의 대출 금리 결정 과정

① 대출 기준 금리	+② 가산 금리										= ③ 최종 금리
	리스크 프리 미엄	유동성 프리 미엄	신용 프리 미엄	자본 비용	업무 원가	법정 비용	목표 이익률	부수 거래 가면	본부 조정	영업 점장 전결 조정	
자금 조달 금리	+ 리스크 관리 비용 등 원가						+ 마진	± 가감 조정 전결 금리			= 최종 금리

한국은행연합회.

💿 금리 사용 설명서

저축 상품으로 금리를 많이 받기 위해서나 대출 상품으로 금리를 적게 내기 위해서나, 공통적으로 하나의 은행을 이용하는 것이 좋습니다. 공통되는 우대 금리 조건이 동일하기 때문입니다.

17
우대 금리와 가산 금리,
어떻게 더 받을까?

중앙은행을 제외한 은행은 공적 기관이 아닌 기업입니다. 기업은 회사의 이익을 추구합니다. 따라서 은행은 이윤을 얻기 위해 한국은행에서 제시하는 기준 금리대로 운영할 수가 없습니다. 예를 들면 횟집 사장님이 광어 횟감을 살 때 100만 원을 썼다고 손님에게도 100만 원어치만 팔지 않습니다. 이렇게 운영하면 당연히 망합니다. 은행도 망하지 않기 위해서 저축 금리와 대출 금리에 차이를 두고, 가산 금리를 붙이고 우대 금리로 할인해 줍니다. 만약 은행이 한국은행에서 제시하는 기준 금리대로만 운영해야 한다면 한국은행만 남고 모든 은행이 사라지겠죠.

내가 사업을 한다면 이윤을 생각하는 것이 당연합니다. 나의 시간과

에너지를 쏟으면서 아무런 이득도 취할 수 없는 사업은 아무도 시작하지 않을 것입니다. 내가 일한 만큼 돈이 생겨야 일을 하는 것입니다. 그래서 은행에서도 기준 금리대로 대출해 주는 것이 아니라 기준 금리에 가산 금리를 더해서 대출을 진행합니다. 가산 금리만큼 은행이 돈을 버는 것이죠. 물론 여기서 인건비, 전산 비용 등등이 차감되고 남는 것만 은행 수익이 됩니다.

은행과 나는
비즈니스 관계라는 사실

그럼 가산 금리를 최대한 올려서 받으면 은행은 수익이 올라가니 좋을 텐데 왜 그렇게 하지 않는 걸까요? 한 은행만 가산 금리를 크게 올리면 사람들은 그 은행을 이용하지 않을 것입니다. 전 세계에 한국은행과 A은행만 있다면 어쩔 수 없이 A은행을 이용하겠지만, 현실에는 B은행도 있고 C은행도 있으니 소비자 입장에서는 나한테 유리한 은행을 이용합니다. 그렇다고 가산 금리를 최소한으로 하면 소비자들은 모두가 이 은행만 이용하려 할 것입니다. 그럼 은행이 수익이 감소하면서 살아남기가 힘들어집니다.

그래서 은행은 가산 금리를 설정해 놓고 우대 조건을 통한 금리 할인을 제공합니다. 즉 우수한 고객들을 모집해 은행의 수익을 발생시키면서 리스크도 줄이는 것이죠. 만약 어느 은행에서 우대 금리 조건 없이도 매우 낮은 이자로 대출이 가능하다면 너도나도 이 은행을 이용할 것입니다. 돈을 성실하게 갚는 사람이야 문제될 게 없지만, 연체도 빈번하고 신용도 높지 않은 사람이 대출을 받으면 은행이 미래에 원금을 돌려받을 수 있을지 알 수가 없습니다. 원금을 상환받지 못할 리스크를 은행이 떠안은 채 실제로 상환이 안 되면 손실이 누적되어 파산할 수밖에 없겠죠. 우수한 고객들은 리스크를 통제하지 못하는 은행을 이용하지 않을 테고요.

양치기 소년을 떠올려 보면, 소년은 거짓말을 반복하는 바람에 진짜 늑대가 왔을 때 도움을 받지 못합니다. 주변 사람들은 양치기 소년을 믿을 수가 없었으니까요. 그런데 은행 입장에서는 비록 거짓말을 많이 한 양치기 소년도 고객입니다. 양치기 소년이 양을 더 구매하여 사업을 확장하고 싶어할 때 은행이 그동안 거짓말을 많이 했으니 무조건 대출이 안 된다고 말할 수는 없습니다.

그래서 각 은행에서는 대출자 개개인별로 신용도를 평가하고 대출 가능 여부를 결정하는 시스템과 규정을 만들어 놓았습니다. 양치기 소년에게 A은행은 대출이 불가하다고 합니다. B은행에서는 대출이 가능하지만 비싼 이자를 내라고 합니다. C은행도 역시 비싼 이자를 요구하지만, 통장을 개설해서 급여를 수령하고 신용 카드를 만들어 사용하면 금리를 깎아 줄 수도 있다고 제안합니다. 양치기 소년은 A은행에서는 대출을 못하지만, B은행이나 C은행은 대출이 가능하고, B은행보다 C은행에 이자를 적게 낼 수 있으니 C은행에서 대출을 받을 것입니다.

이렇듯 가산 금리와 우대 금리 제도는 꼭 필요합니다. 이런 제도가 있기 때문에 신용도가 좋은 사람은 남보다 저렴한 금리로 대출을 받고, 신용도가 나쁜 사람은 비싼 이자를 내더라도 대출을 받을 수 있습니다. 만약 일괄적으로 가산 금리만 적용해서 대출 심사를 해야 한다면 은행은 신용도가 안 좋은 사람은 모두 대출을 거절할 수밖에 없습니다. 게다가 은행 거래 실적도 많고 신용도가 좋은 단골 고객도 아무런 혜택을 받지 못하게 되겠죠.

나의 상황은 언제든지 바뀔 수 있습니다. '티끌 모아 태산'을 만들어 부자가 될 수도 있고, '부자는 3대를 못간다'는 말처럼 가난해질 수도 있습니다. 은행은 나의 자산을 불려 줄 수도 있고, 내가 힘들 때 살아갈 수 있게 도움을 줄 수도 있습니다. 그러기 위해서 은행은 예대 마진을 이용한 이자 장사를 하고 있다고 보면 됩니다. 우대 금리와 가산 금리는 은행의 존폐 여부를 떠나서 나의 안전한 경제 활동을 위해서도 반드시 필요합니다.

📋 금리 사용 설명서 _____

대출은 받은 당일부터 우대 금리 조건을 충족해 놓는 것이 중요합니다. 우대 금리는 대출을 받은 시점부터 3개월까지 무조건 적용받을 수 있는데 조건 충족을 나중으로 미루면 잊어버리는 경우가 종종 있습니다. 그럼 내지 않아도 될 이자를 추가로 내야 합니다. 따라서 조건이 급여 이체라면 회사 경리 팀에 연락해 급여 계좌를 새로 등록하고, 신용 카드 결제 실적은 카드사 앱을 설치하여 필요 실적을 확인하고 그만큼 결제해 놓아야 합니다.

18
파킹 통장과 CMA 통장, 어떻게 활용할까?

'금리가 올랐는데, 내 월급 통장에 들어오는 이자는 왜 이렇게 적을까?' 하고 의문을 품었다면 앞으로 부자가 될 수 있는 적합한 마인드를 지니신 겁니다.

급여가 들어오는 입출금 통장의 경우에는 보통 신용 카드 대금, 휴대 전화 요금, 아파트 관리비, 보험료가 빠져나갑니다. 급여는 통장에서 순식간에 사라집니다. 그래도 월급이 잠시 머물렀다면 이자를 받아야 하는 게 맞겠죠? 그럼 조금이라도 이자를 더 많이 받는 것이 좋겠습니다. 이런 의미에서 만들어진 통장이 파킹 통장입니다. 파킹 통장은 주차장처럼 돈을 잠깐 넣었다가 언제 빼더라도 이자를 많이 주는 상품입니다.

하루만 맡겨도
이자를 주는 파킹 통장

일반 입출금 통장의 이율은 0.1%입니다. 급여 통장이라면 급여가 이체될 경우에 한하여 우대 금리를 주는데요. 통장 잔액에 따라서 이자가 달라집니다. 100만 원이 기준인 급여 통장이라면 100만 원까지 3%의 이자를 주고 100만 원이 넘어간 금액에 대해서는 0.1%의 이자를 주는 식이죠. 시중 은행의 대다수 입출금 통장은 이렇게 통장 잔액에 따라 이자가 달라지는데요. 파킹 통장은 5,000만 원, 1억 원 등 이자 지급의 한도가 높거나 금액 제한이 없는 상품도 있습니다.

입출금이 가능하며 높은 이자를 주는 상품들을 정리했습니다.

파킹 통장의 종류

은행	상품명	금리 (연%)	한도	이자 지급 방식
NH농협은행	NH1934우대통장	3.0%	100만 원 이하	분기 지급
KB국민은행	KB마이핏통장	1.5%	200만 원 이하	분기 지급
KDB산업은행	KDB HI 비대면	2.65%	-	분기 지급
SBI저축은행	사이다뱅크 파킹 통장	3.2%	1억 원 이하	분기 지급
애큐온 저축은행	머니쪼개기	4.0%	2,000만 원 이하	분기 지급
웰컴저축은행	Welcome 직장인사랑	3.8%	5,000만 원 이하	분기 지급
토스뱅크	토스뱅크 통장	2.3%	-	매일 지급
카카오뱅크	세이프 박스	2.6%	1억 원 이하	월 지급
케이뱅크	플러스 박스	3.0%	3억 원 이하	월 지급

각 은행 홈페이지(2022년 11월 기준).

투자도 할 수 있는
CMA 통장

한때 CMA 통장을 급여 통장으로 쓰면 이자를 많이 준다고 해서 너도나도 CMA 통장을 만드는 붐이 일었습니다. 은행에 방문해서 CMA 통장을 개설할 수 있는지 물어보는 고객이 있는데요. CMA 통장은 증권사 상품이기 때문에 은행에서는 가입할 수 없습니다.

CMA 통장도 파킹 통장처럼 입출금이 자유로우며 이자를 많이 준다는 점에서 비슷하지만 상품이 완전히 다릅니다. CMA 통장은 돈을 입금하면 국공채나 양도성 예금 증서, 단기 회사채 등 채권에 투자되는 상품입니다. 따라서 예금자 보호가 되지 않는 것이 원칙이며 CMA의 입금액 중 채권에 투자되지 않는 금액만 예금자 보호법에 의해 보호됩니다.

CMA 통장의 종류

상품명	상품명	수익률(연%)	유형	기타
CMA Note	우리종합금융	3.55%	종금형	예금자 보호
QV CMA	NH투자증권	3.55%	발행 어음형	주식 거래 가능
CMA RP_ 네이버통장	미래에셋증권	3.05%	RP유형	주식 거래 가능
행복나눔CMA	SK증권	3.00%	RP유형	-
CMA	다올투자증권	2.95%	RP유형	주식 거래 가능
IBK투자증권 CMA	IBK투자증권	2.90%	RP유형	주식 거래 가능

각 증권사 홈페이지(2022년 11월 기준).

입출금이 자유롭다고 하지만, CMA는 종금사나 증권사에서만 취급하기 때문에 돈을 인출하는 것이 불편합니다. 인출은 협약된 ATM에서 가능하더라도 입금은 ATM에 따라 안 되는 경우도 많습니다. 또한 24시부터 7시까지 금융 상품 및 주식, 채권 등의 정산이 이루어지기 때문에 이 시간에는 조회와 입출금이 제한됩니다. 해당 시간에 돈을 써야 한다면 미리 다른 계좌로 이체해 놓아야 합니다.

🔊 금리 사용 설명서 ─────────────────

파킹 통장이나 CMA 통장에 1억 원을 넣어 놓으면 될까요? 아무리 이자를 많이 준다고 해도 정기 예금 상품보다 이자가 낮습니다. 금리가 낮을 때는 파킹 통장의 금리도 높아 보이지만, 정기 예금 금리가 연 5~6%라면 돈을 찾아서 정기 예금에 가입해야 합니다. 따라서 돈을 일정 금액 모았다면 정기 예금에 넣어 두는 것이 좋습니다. 정기 예금 가입은 비대면으로도 쉽게 가능하니까 5분 정도 투자해 보세요. 이자를 많이 받는 방법입니다. 파킹 통장은 돈을 짧은 기간 임시로 넣어 놓는 용도로 활용하면 됩니다. 참고로 토스뱅킹이 출범할 때 금액 제한 없이 이율 2%를 주기로 했는데 수익이 나지 않자 1억 원으로 제한을 둔 적도 있습니다. 이후 다시 금액 제한을 풀었습니다.

19
단리와 복리 똑똑하게 계산하기

은행의 입출금 통장은 이자를 분기에 한 번씩 주거나 반기에 한 번씩 계산해서 입금해 줍니다. CMA 상품과 MMF 상품은 이자를 매일매일 계산해 줍니다. 토스뱅크의 파킹 통장은 '지금 이자 받기'로 전날까지 쌓인 이자를 매일 받을 수 있습니다. 예를 들어 원금이 1,000만 원이면 연 2.3%로 630원을 이자로 받습니다. 그다음 날은 1,000만 630원의 2.3% 이자를 받습니다. 첫째 날에는 원금에 대한 이자를 받고, 둘째 날에는 첫째 날의 '원금+이자'를 원금으로 이자를 받는 것입니다. 이자가 복리로 계산되는 방식입니다. 위대한 물리학자 아인슈타인은 복리를 "세계 8대 불가사의이자 인류 최고의 발명품"이라고 말했습니다. 그만큼 복리는 마법 같은 수익률을 만들어 냅니다.

인류 최고의 발명품
복리의 마법 같은 혜택

단리 상품보다 복리 상품이 좋다는 이야기를 많이 들으셨을 텐데요.
실제로는 복리 상품이 많지가 않아서 큰 수익을 냈다는 것을 보기가 어
렵습니다. 우선 단리와 복리의 이자 차이를 알아보겠습니다.

단리와 복리의 계산식

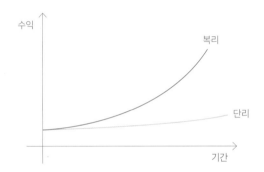

- 단리=원금×(1+이율)×기간 · 복리=원금×(1+이율)^{기간}

단리와 복리의 방식 비교

이율 5%.

단리와 복리의 이자 지급액 비교

구분	이자율	이자 금액(원)	원금+이자(원)
1년	5%(단리)	500,000	10,500,000
	5%(복리)	500,000	**10,500,000**
2년	5%(단리)	500,000	11,000,000
	5%(복리)	525,000	**11,025,000**
3년	5%(단리)	500,000	11,500,000
	5%(복리)	551,250	**11,576,200**

원 원금 1,000만 원, 이자율 5%.

기간이 짧으면 단리 상품과 복리 상품의 차이를 느끼기가 어렵습니다. 첫해는 이자 차이가 없으며, 2년 차부터 이자 금액이 차이가 납니다. 이렇듯 마법 같은 복리의 혜택을 받기 위해서는 시간이 중요합니다. 이번에는 10년, 30년, 50년 뒤에 받는 금액을 계산해 보겠습니다.

단리와 복리의 이자 지급액 비교

구분	이자율	이자 금액(원)	원금+이자(원)
10년	5%(단리)	5,000,000	15,000,000
	5%(복리)	6,288,946	**16,288,946**
30년	5%(단리)	15,000,000	25,000,000
	5%(복리)	33,219,424	**43,219,424**
50년	5%(단리)	25,000,000	35,000,000
	5%(복리)	104,673,998	**114,673,998**

원 원금 1,000만 원, 이자율 5%.

1,000만 원을 50년 단리와 복리로 굴렸을 때의 차이가 확연히 느껴지시죠? 단리로 계산하면 50년이 지나도 겨우 3,500만 원이지만, 복리로 계산하면 약 1억 1,400만 원을 받을 수 있습니다. 이제 확실히 복리가 좋다는 것을 확인하셨죠?

그럼 이제 일복리로 계산되는 토스뱅크 통장에 돈을 넣어 놓기만 하면 부자가 될 수 있겠다는 생각이 드시나요? 얼마를 받는지 계산해 보겠습니다.

연단리와 일복리의 이자 지급액 비교

구분	이자율	이자 금액(원)	원금+이자(원)
1년	2.3%(연단리)	230,000	10,230,000
	2.3%(일복리)	230,000	**10,230,000**
2년	2.3%(연단리)	460,000	10,460,000
	2.3%(일복리)	470,729	**10,470,729**
3년	2.3%(연단리)	690,000	10,690,000
	2.3%(일복리)	714,339	**10,714,339**

원 원금 1,000만 원, 토스뱅크 연2.3% 이율 적용.

표를 보면 알겠지만, 연단리와 일복리 상품의 이자 차이가 크지 않습니다. 3년이 되어도 일복리로 24,339원을 더 받을 뿐입니다. 그리고 단리 상품 이자율이 5%라면 당연히 단리가 더 많은 이자(1,150만 원)를 받는다는 것을 알 수 있습니다.

결론적으로 복리 상품이 단리 상품보다 이자를 많이 받는다고 해도 우선은 금리가 높은 상품이 무조건 좋습니다. 토스뱅크 파킹 통장은 입출금이 자유로운 통장으로 시중 은행의 입출금 통장보다 이율이 높지만, 정기 예금 상품보다는 금리가 낮습니다. 따라서 파킹 통장은 잠시 머무는 돈의 이자를 받는 것으로 이용해야 합니다. 돈을 오랜 시간을 넣어 놓아서는 오히려 이자를 적게 받습니다. 즉 6개월 이상 쓰지 않을 돈이라면 정기 예금으로 예치해 놓는 것이 좋습니다.

금리 사용 설명서

복리를 이야기할 때 빠지지 않는 것이 '72법칙'입니다. 72법칙이란 내 돈이 2배가 되는 데까지 걸리는 시간을 계산하는 방법입니다. 단순하게 '72÷연복리 이자율'로 계산할 수 있습니다. 이율이 6%일 때 12년이 지나면 내 돈이 2배가 됩니다(72÷6=12). 반면에 단리 이자율로 계산하면 약 16년 6개월이 소요됩니다.

20

이자가 적금 7%, 정기 예금 4.5% 어디에 가입할까?

2022년을 돌이켜 보면, 청년희망적금을 판매했던 지난 2월이 은행에서 근무하며 가장 바쁜 기간이었습니다. 청년희망적금의 이율이 높다는 소문이 돌면서 새로운 20대 고객들이 상품에 가입하러 물밀듯이 왔기 때문입니다. 청년희망적금은 은행에서 제공하는 금리 5%에 저축장려금을 더하고, 비과세 혜택까지 받아서 약 10%의 이자를 받을 수 있었습니다. 청년들이 돈을 모으겠다는 열망으로 주식과 비트코인에 투자하지 않고 적금에 투자한 것이죠.

금리가 오르는 상황에서 제가 반복적으로 한 업무는 정기 예금 해지 및 재가입이었습니다. 여기서 정기 예금 해지는 만기 해지가 아닌 중도 해지입니다. 금리가 상승하자 2022년 상반기에 정기 예금에 가입했던 고객들이 10월부터 지속적으로 방문하여 정기 예금을 중도 해지하고 새로 가입했습니다. 한 달이 지나서 또 금리가 상승하면 다시 정기 예금을 해지하고 가입하기를 반복했죠. 이자를 더 받을 수 있는 기회이기 때문에 많은 사람이 시간을 내서 은행에 방문했습니다.

투자의 기본,
현금 보유와 배분

2022년 1월부터 3월까지 고객들이 가입한 정기 예금 금리는 대략 1~2% 사이였습니다. 1,000만 원 정기 예금을 가입하면 세전 20만 원의 이자를 받을 수 있었습니다. 2022년 12월 기준 정기 예금 금리는 5~6%로 1,000만 원으로 정기 예금에 가입하면 최소 50만 원은 이자로 받을 수 있습니다. 원금이 1억 원이라면 이자가 더 크겠죠. 그래서 금리가 오르면 자연스럽게 정기 예금으로 돈이 몰립니다.

금리가 낮을 때, 그리고 정기 예금 금리가 0.9%일 때는 정기 예금 상품이 전혀 매력적으로 보이지 않습니다. 이자가 너무 낮기 때문이죠. 고객들은 예금으로 묶어 두지 않고 파생 금융 상품이나 주식, 부동산 등 조금이라도 이자가 많은 상품에 가입하고 투자합니다. 실제로 저금리 시기에는 투자 수익이 더 많아지는 경우가 종종 발생하죠. 저금리가 계속 유지되면 이러한 투자가 지속적인 수익을 가져올 수 있습니다. 그런데 금리가 갑자기 상승하면 은행이 아닌 곳에 투자했던 자금들이 모두 은행으로 돌아옵니다. 자연스럽게 해당 상품들은 마이너스 수익률이 됩니다.

문제는 투자 상품에 넣은 돈을 찾지 못하는 분이 많다는 것입니다. 투자 상품의 가치가 떨어지는 바람에 원금 회복도 안 된 돈이 물려 있기 때문에 돈을 빼고 싶어도 뺄 수가 없는 것이죠. 하지만 펀드 상품은 해지하는 순간에 손실이 확정되고, 해지 전에는 아직 손실은 아닙니다. 다만 이 돈을 정기 예금에 넣을 수 있으면 이자라도 벌 수 있는데 그렇지 못하는 것이 기회비용 면에서 아쉬울 따름입니다.

아마 많은 분이 이런 경험을 했을 것입니다. 그래서 투자할 때는 항상 자산 분배가 중요하며, 그중에서 특히 현금 보유가 매우 중요합니다. 정기 예금 금리가 1% 이하일 때 일부 자금을 정기 예금으로 가입해서 보유한 분은 올라간 금리를 따라 정기 예금에 다시 가입해도 좋습니다. 또한 이미 투자한 펀드나 주식을 추가 매입해도 좋습니다. 금리가 오르면 정기 예금에 투자하는 것이 당연하지만, 내 자산을 안전하게 지키는 포트폴리오를 구성하는 데도 꼭 필요합니다.

적금보다 예금이 더 유리한 이유

정기 예금 금리보다 적금 금리가 높은데, 그럼 적금에 가입하는 게 더 좋을까요? 금리가 오르면 당연히 적금 금리도 오릅니다. 정기 예금을 보유한 고객은 적금도 가지고 있는 경우가 많은데요. 주식이나 펀드 투자로 더 많은 수익을 낼 수도 있지만, 일정 금액을 꾸준히 모으는 데는 적금보다 좋은 상품이 없습니다. 그래서 적금은 꾸준히 인기 있는 금융 상품이고, 금리가 낮을 때도 수요가 꾸준했습니다. 금리가 오르면 적금을 가입하려는 분들도 자연히 늘어납니다.

간혹 정기 예금이 만기가 된 분 중에 정기 예금보다 적금 금리가 높다고 돈을 나눠서 적금에 가입하겠다는 분이 있습니다. 결론부터 말씀 드리자면 대부분의 경우 적금 금리가 높다고 해도 정기 예금이 이자를 더 많이 받습니다. 극단적으로 적금 금리가 정기 예금 금리보다 2배가 넘는 경우라면 적금 이자가 많을 수 있으나 그렇지 않다면 정기 예금 이자가 많습니다.

정기 예금과 적금의 수령액 차이

	정기 예금(1년 이율 4.5%)		적금(1년 이율 7%)
예치 금액	10,000,000원	월 적립액	833,333원
원금 합계	10,000,000원	원금 합계	9,999,996원
세전 이자	450,000원	세전 이자	379,167원
이자 과세	-69,300원	이자 과세	-58,392원
세후 수령액	10,380,700원	세후 수령액	10,320,771원

예치 금액이 1,000만 원일 때 1년 이율이 4.5%인 정기 예금에 가입하면 세후 1,038만 700원을 받을 수 있습니다. 반면 1년 이율 7%로 적금

에 가입하면 세후 1,032만 771원을 받을 수 있습니다. 정기 예금에 가입하면 약 6만 원 정도를 더 받는 것이고, 원금이 1억 원이라고 가정한다면 60만 원이 차이나는 것입니다.

즉 적금의 금리가 높더라도 정기 예금에 가입하는 것이 유리하죠. 그리고 적금 금리가 높은 상품일수록 기간이 짧거나 납입 금액이 제한되어 있는 경우가 많습니다. 높은 금리를 다 받기 위한 우대 조건을 충족하기도 쉽지 않습니다.

🪙 금리 사용 설명서

금리가 상승하는 시기에는 가입해 놓은 정기 예금이 금리가 낮다면 상품을 해지하고 새로 가입하는 것이 좋습니다. 금리가 변동될 때마다 확인하면서 정기 예금을 새로 가입하고 해지하는 것이 귀찮다면 회전 정기 예금 상품을 추천합니다. 회전 정기 예금은 예금주가 정한 회전 주기에 따라 금리가 변동되는 상품입니다. 회전 주기는 1개월, 3개월, 6개월, 12개월로 다양하며 회전 주기에 해당하는 시기의 금리로 자동 재예치됩니다.

1년 만기에 3개월 회전으로 이자를 주는 회전 정기 예금이라면 최초 가입 후 3개월이 지나 이자를 받고, 3개월이 되는 날에는 자동으로 해당 날짜의 금리로 바뀝니다. 금리 상승기라면 변동된 금리가 이전보다 높게 설정되니 회전 예금으로 조금 더 많은 이자를 받을 수 있습니다.

21
주택 청약 통장을 내가 쓸 일이 있을까?

주택 청약 종합 저축 통장은 아파트 청약권을 갖기 위해서 꼭 있어야 하는 통장입니다. 그런데 2022년 들어 부동산 시장이 침체되고 신축 아파트도 미분양 물량이 늘어나서 주택 청약 통장의 인기가 시들해졌습니다. 정기 예금 금리가 올라가서 청약 통장을 해지하고 정기 예금에 가입하는 비율도 늘어났습니다. 은행에서 근무하면서 청약 통장을 해지하러 오는 고객이 이렇게 많았던 적은 처음입니다.

한국부동산원에 따르면 2022년 11월 말 기준 청약 통장 가입자 수는 총 2,661만 2,817명으로 전월 대비 21만 990명이 감소했습니다. 청약 통장 가입자 수는 5개월째 감소세를 보였는데요. 청약 통장을 이렇게 많은 사람이 해지한다니 정말 필요 없는 통장으로 생각할 수 있겠습니다. 청약 통장은 이자도 낮은데 이번 기회에 해지하고 정기 예금으로 갈아타야 할까요?

해지할 청약 통장
보유할 청약 통장

청약 통장을 해지할지 보유할지는 본인의 현재 상황을 판단해야 합니다. 일단 본인 명의의 집을 보유했나요? 앞으로 입주할 아파트의 분양권이 있거나 지금 살고 있는 집이 본인 명의의 집이라면 더는 아파트 청약을 하지 않을 확률이 높습니다.

아파트 청약을 하지 않을 계획이라면 주택 청약 종합 저축 통장을 해지하고 그 돈으로 대출 원금을 상환하거나 정기 예금에 가입하여 이자를 받아도 좋습니다. 청약 통장은 2022년 10월까지 1.8%(청년 우대형은 3.3%)였으나, 11월에 청약 통장 이율도 0.3% 인상되어 앞으로 2.1%(청년 우대형은 3.6%)의 이자를 받을 수 있습니다. 2022년 12월 기준 약 5~6%인 정기 예금 금리에 비하면 절반 이하이기 때문에 청약 통장의 입금 금액이 많다면 정기 예금으로 갈아타서 이자를 받는 것이 좋습니다.

추가로 민영 아파트 청약을 위해 일시금을 넣어 놓은 청약 통장이라면 해지해서 목돈으로 정기 예금을 가입하고, 새로 청약 통장을 개설해서 2만 원만 납입하면 됩니다. 이유는 지역에 따라 기간은 다르지만 민영 아파트를 청약하기 위해서는 일단 청약 통장을 2년 이상 보유해야 하기 때문입니다. 지금 청약을 하지 않더라도 2년이 지난 시점에 청약을 해 보고 싶을 수 있으니 미리 개설해 놓는 것이 좋습니다. 아파트 분양 공고가 시행되기 전에만 통장에 돈을 입금해 두면 됩니다.

집이 없거나 청년 우대형 주택 청약 종합 저축을 가지고 있다면 통장을 해지하지 말고 보유하는 것을 추천합니다. 특히 10만 원씩 꾸준히 납입해 온 청약 통장이라면 국민 주택 청약 시 유리합니다. 청년 우대형 청약은 이율도 일반 청약보다 1.5%를 더 주고, 비과세로 가입되었다면 추후에 세금도 내지 않습니다.

청약 통장 가입 기간에 따라 가점을 받는 청약 가점제가 있습니다. 청약 가입 기간이 15년 이상이 되면 최대 17점을 획득할 수 있습니다.

청약 가점제

	6월 미만	1	8년 이상~9년 미만	10
	6월 이상~1년 미만	2	9년 이상~10년 미만	11
	1년 이상~2년 미만	3	10년 이상~11년 미만	12
청약 저축 가입 기간 (가점 상한: 17점)	2년 이상~3년 미만	4	11년 이상~12년 미만	13
	3년 이상~4년 미만	5	12년 이상~13년 미만	14
	4년 이상~5년 미만	6	13년 이상~14년 미만	15
	5년 이상~6년 미만	7	14년 이상~15년 미만	16
	6년 이상~7년 미만	8	15년 이상	17
	7년 이상~8년 미만	9	-	-

투자 관점으로 보는
청약 통장

청약 통장 보유에 대해 지금까지 실생활에 맞춘 설명을 드렸다면 이번에는 투자에 관점을 두고 알려드리겠습니다. 저는 현재 집이 있지만, 주택 청약 통장을 해지하지 않고 보유하고 있습니다. 돈을 추가로 넣지 않고 갖고만 있습니다. 이유는 앞으로 내가 살고 싶은 지역으로 이사를 가기 위해서입니다.

지금 거주하는 지역이 마음에 들지 않아서가 아닙니다. 자녀의 교육과 생활 편의를 위해서 좀 더 좋은 환경이 조성된 지역에서 살고자 하는데, 그 지역에 주변 시세보다 저렴하게 입주하길 원합니다. 부동산 시장이 과열된 2020년과 2021년은 분양권이 완판되고 경쟁률도 높았습니다. 새로 분양하는 아파트들의 가격이 주변 시세와 거의 비슷하거나 더 비싼 곳도 많았습니다. 집을 보유한 상황이고 대한민국의 대부분 지역이 조정 대상 지역으로 묶였기 때문에 청약을 하고 싶어도 할 수가 없는 상황이었습니다.

2022년 하반기에 들어서 조정 대상 지역이 대부분 해제되었습니다. 이제 조정 대상 지역은 서울특별시, 과천시, 광명시, 하남시, 성남시 분당구, 성남시 수정구만 남았습니다. 비조정 대상 지역이라면 집을 보유했더라도 청약이 가능합니다. 비조정 대상 지역은 세대주뿐 아니라 세대원도 청약을 할 수 있기 때문에 부부 중 한 사람이 거주할 지역에 전입할 수 있다면 청약 당해 접수로 당첨 확률을 높일 수 있습니다.

집값이 떨어지는 데 굳이 분양받아서 입주할 필요가 있는지 궁금할 수 있습니다. 단순하게 생각해 보겠습니다. 30년 된 아파트와 새로 지은 아파트 중 어디서 살고 싶으신가요? 새로 지은 아파트는 주변이 아직 발전되지 않아서 생활이 불편할 수 있습니다. 그런데 이것을 투자 관점으로 본다면 앞으로 주변이 발전할 때 아파트 시세가 더욱 올라갈 것입니다. 본인이 거주하지 않더라도 앞으로 상승 여력이 있는 아파트를 분양권을 통해 싸게 구입한다면 2~3년 후에 큰 수익으로 보답받을 것입니다.

은행 지점에서 근무하면 청약 통장을 해지해 달라는 요청을 많이 받습니다. 저는 창구에 앉자마자 "청약 통장 해지해 주세요"라고 말하는 고객님에게 "네. 알겠습니다. 바로 해지해드릴게요"라고 하며 바로 해지해드립니다. 그리고 "대신 2만 원으로 청약 통장 새로 만들고 가세요"라고 말씀드립니다. 그럼 만드는 분도 있고 그냥 가는 분도 있습니다. 반면에 바로 해지해 달라고 말하지 않고 청약 통장을 해지해야 하는지 계속 갖고 있어야 하는지 고민하는 고객님에게는 "해지하지 마세요"라고 합니다. 그리고 앞서 말씀드린 내용들을 알려드립니다.

사실 은행원 입장에서는 상품을 해지하고 새로 가입하는 것이 저와 지점의 실적에 도움이 되어 좋습니다. 그럼에도 고객에게 해지하지 말라고 하는 이유는 주택 청약 통장을 보유하고만 있으면 은행 이자 이상의 수익을 얻을 수 있는 기회가 생기기 때문입니다.

5%의 이자를 받을지, 부동산 분양권으로 수천만 원의 수익을 낼 것

인지는 자신의 선택입니다.

 **금리 사용 설명서** _____

    주택 청약 종합 저축은 매월 납입 금액을 2만 원에서 50만 원 사이에서 설정할 수 있습니다. 10만 원씩 불입하는 것이 좋은 이유는 50만 원을 불입하더라도 10만 원만 인정받기 때문입니다. 국민 주택을 분양받기 위해서는 10만 원씩 오랜 기간 불입하는 것이 중요합니다. 민영 주택을 분양받길 원한다면 청약 통장을 보유하고만 있어도 좋습니다. 최소 가입 금액이 2만 원이므로 2만 원으로 청약 통장을 꼭 보유하세요.

지역별·면적별 청약 예치금

구분	서울/부산	기타 광역시	기타 시군
85㎡ 이하	300만 원	250만 원	200만 원
102㎡ 이하	600만 원	400만 원	300만 원
135㎡ 이하	1,000만 원	700만 원	400만 원
모든 면적	1,500만 원	1,000만 원	500만 원

예치 금액은 청약할 아파트 주소지가 아닌 본인 거주지 기준.

22

저축 은행에 돈을 맡겨도
정말 안전할까?

'왜 은행마다 이자가 이렇게 차이가 나지?'

'세상에 공짜는 없다는데, 다른 은행보다 이자를 많이 주면 위험한 거 아니야?'

'은행에서는 이자를 5% 준다는데 저축 은행은 이자를 7% 주네. 이거 안전한 거 맞아?'

혹시 이런 의문이 든 적 있으신가요? 나의 돈을 안전하게 보호해 주는 '예금자 보호 제도'를 알고 있다면 저축 은행이나 2금융권에도 안심하고 돈을 맡길 수 있습니다. 금융 회사가 영업 정지나 파산 등으로 고객에게 예금을 지급하지 못하게 될 경우 해당 예금자는 물론 금융권 전체의 안정성도 큰 타격을 입습니다. 이러한 사태를 방지하기 위해 예금자 보호법이 있습니다. 고객들의 예금을 보호하는 제도입니다. 예금자 보호 한도는 동일한 금융 기관에서 원금과 소정의 이자를 합하여 1인당 5,000만 원까지 보호되며 초과 금액은 보호되지 않습니다.

예금자 보호 대상이 되는 금융 기관은 시중 은행, 증권사, 생명 보험 회사, 손해 보험 회사, 상호 저축 은행 등 총 286개입니다. 국내에 지점을 둔 외국 은행도 보호 대상입니다. 농·수협 지역 조합, 신용 협동 조합, 새마을금고는 예금 보험 공사의 보호 대상 금융 회사가 아니지만 자체 기금에 의해 보호됩니다.

내 돈이 안전할 수도, 위험할 수도 있다

'그럼 은행에서 판매하는 상품 중에 수익이 가장 높은 상품에 가입하면 되겠다'고 생각하실 수 있겠지만, 은행에서 판매하는 모든 상품이 보호 대상은 아닙니다. 예금자 보호가 되는 상품은 따로 정해져 있습니다. 쉽게 정기 예금, 정기 적금 등 만기일에 원금 지급이 보장되는 금융 상품이 보호된다고 보면 됩니다. 펀드나 ELS같이 운용 실적에 따라 이익과 손실이 달라지는 상품은 보호 대상이 아닙니다. 즉 은행에서 펀드에 1,000만 원을 가입했는데 수익이 마이너스 50%가 돼서 500만 원이 되었다고 1,000만 원으로 보호해 주지 않는다는 이야기입니다.

'그럼 원금과 이자를 합쳐서 5,000만 원 이하 정기 예금에 가입하면 금융 회사가 파산해도 원금과 이자를 다 받을 수 있겠구나' 하고 생각하실 수 있는데요. 이것은 맞을 수도 있고 틀릴 수도 있습니다. 예금자 보호 제도에서 안내하는 문구를 자세히 보면 "예금자 보호 한도는 동일한 금융 기관에서 원금과 소정 이자를 합하여"라고 명시하고 있습니다. 즉 금융 회사가 파산하여 예금 보험 공사에서 돈을 지급할 때는 가입 당시의 정기 예금 이율을 주는 것이 아닙니다. "소정의 이자"는 금융 기관의 약정 이자와 시중 은행의 1년 만기 정기 예금의 평균 금리를 고려하여 예금 보험 공사가 결정하는 이자 중 작은 금액을 뜻합니다. 따라서 가입할 때 금리가 높았더라도 금융 회사가 파산하면 가입할 때 금리보다 적은 이자를 받게 될 수도 있습니다.

그리고 실제로 금융 회사가 영업이 정지되거나 파산이 진행되어 예금 보험 공사로부터 돈을 받는다 하더라도 바로 받을 수 있는 것이 아닙니다. 예금 보험 공사는 영업 정지된 금융 회사가 정상화가 가능한지부터 판단합니다. 정상화가 불가능할 경우에 해당 금융 회사의 자산을 매각하고 정리를 진행하며, 이때 예금자별로 지급 금액을 확정한 후 돈을 지급합니다. 따라서 돈을 받을 때까지 수개월이 걸릴 수 있습니다.

2011년 1월 14일 삼화상호저축은행의 영업 정지로 시작된 저축 은행 영업 정지 사건은 2011년 9월 18일 토마토저축은행의 영업 정지를 끝으로, 2011년 한 해에만 16개 저축 은행이 영업을 정지했습니다. 실제로 2017년에 제가 근무했던 지점에서 토마토저축은행의 예금 보험금을 지급했습니다. 토마토저축은행은 2011년에 영업이 정지되었는데 예금자가 6년이 지난 2017년이 되어서야 돈을 받은 것이죠. 고객이 원금과 소정의 이자를 돌려받아서 다행이지만, 당연히 6년 치의 이자는 받지 못했고, 돈을 돌려받지 못할까 하는 스트레스를 6년 동안 받았을 겁니다.

혹시나 이 내용을 저축 은행을 이용하지 말라는 뜻으로 오해하지는 않으셨으면 합니다. 금리가 높은 저축 은행을 이용하되 시중 은행과 큰 차이가 없다면 시중 은행에 정기 예금을 하는 것도 괜찮다는 점을 알려드리는 것입니다.

🎖️ 금리 사용 설명서

예금 보험 공사에서 미수령금을 찾아가세요. 예금자 보호 제도로 금융 회사가 파산할 경우 예금자에게 5,000만 원까지 예금 보험금을 지급하고, 5,000만 원을 초과한 예금은 파산한 금융 회사의 자산을 매각후 자금을 회수하여 이를 파산 배당금으로 지급합니다.

그런데 이 사실을 몰라 아직까지 찾아가지 않은 미수령금이 존재합니다. 내가 아니더라도 가족에게 미수령금이 남아 있을지도 모르니 예금 보험 공사 홈페이지 '미수령금 통합 신청 시스템'에 접속해서 한번 확인해 보세요.

보호 대상 금융 상품

구분	보호 금융 상품
은행	• 보통 예금, 기업 자유 예금 • 정기 예금, 저축 예금 • 정기 적금, 주택 청약 부금 • 외화 예금
투자 매매업자 투자 중개업자	• 증권의 매수 등에 사용되지 않고 고객 계좌에 현금으로 남아 있는 금액 • 자기 신용 대주 담보금, 신용 거래 계좌 설정 보증금, 신용 공여 담보금
저축 은행	• 보통 예금, 저축 예금 • 정기 예금, 정기 적금
보험	• 개인이 가입한 보험 계약 퇴직 보험 • 변액 보험 계약 특약
종합 금융 회사	• 발행 어음, 표지 어음 • 어음 관리 계좌(CMA)

예금 보험 공사(2022년 12월 기준).

비보호 금융 상품

구분	비보호 금융 상품
은행	• 양도성 예금 증서(CD) • 금융 투자 상품(수익 증권, 뮤추얼 펀드, MMF) • 은행 발행 채권 • 주택 청약 저축, 주택 청약 종합 저축
투자 매매업자 투자 중개업자	• 금융 투자 상품(수익 증권, 무츄얼 펀드, MMF) • 랩 어카운트 • 주가 지수 연계 증권(ELS) • 증권사 종합 자산 관리 계좌(CMA)
저축 은행	저축 은행 발행 채권(후순위 채권 등)
보험	• 보험 계약자 및 보험료 납부자가 법인인 보험 계약 • 보증 보험 계약, 재보험 계약 • 변액 보험 계약 주계약
종합 금융 회사	• 금융 투자 상품(수익 증권, 뮤추얼 펀드, MMF) • 양도성 예금 증서(CD) • 기업 어음(CP) • 종금사 발행 채권

예금 보험 공사(2022년 12월 기준).

23

예적금 금리 높은
은행 찾아 삼만리?

앞서 예금자 보호 제도와 함께 저축 은행 사태도 말씀드렸습니다. 금리가 가장 비싸다고 가장 좋은 상품은 아니라는 건 아시겠죠? 그래도 예금자 보호 제도가 있으니 혹시나 문제가 생기더라도 원금을 보존할 수 있도록 원금과 이자를 계산해 5,000만 원 이하로 맞춰서 금리가 높은 곳을 찾아 가입하면 좋습니다. 그러나 금리가 0.5~1% 차이고 원금이 아주 크지 않다면 시간과 에너지를 소비하면서까지 고금리 상품을 찾아다니는 건 별로 효율적이라고 생각하지 않습니다.

시중 은행은 '전국은행연합회 소비자포털'에서, 저축 은행은 '저축은행중앙회 소비자포털'에서 정기 예금 금리를 비교할 수 있습니다. 다만 금리가 급변하는 시기에는 연합회와 중앙회의 금리 자료가 지금 시점을 반영하지 못하는 경우가 많습니다. 검색 포털에 정기 예금 금리를 비교 검색하는 것이 더 정확합니다. 이 또한 약간의 차이는 있으므로 해당 상품의 은행 홈페이지에서 한 번 더 확인해야 합니다.

높은 이자를 오래 받고 싶을 때 가입할 수 있는 상품

일반적으로 정기 예금의 이자는 가입 기간 1년보다 2년이 높고 2년 보다는 3년이 높습니다. 그런데 최근 금리를 보면 1년 정기 예금이 가장 높고, 2년이나 3년으로 하면 1년보다 적은 경우가 많습니다. 이유는 2022년은 금리가 높지만 2023년에는 금리가 떨어질 것을 어느 정도 예상하기 때문으로 볼 수 있습니다. 그러니 우선은 1년으로 정기 예금을 가입하는 것이 유리합니다. 앞으로 금리가 떨어질 것이 예상되고, 내가 가진 목돈을 당분간은 쓸 일이 없다면 기간을 길게 가져가는 게 유리할 수도 있습니다. 지금은 정기 예금 금리가 5%지만, 1년이 지난 시점에는 5%가 아닌 3%가 될 수도 있으니까요.

지금의 금리를 3년 이상 받고 싶다면 저축성 보험 상품인 '방카슈랑스'에 가입하는 것도 좋은 방법입니다. 그동안 저축 보험 상품은 공시 이율에 따른 변동 이율 상품이 대부분이었습니다. 변동 이율이기 때문에 만기 시점에 공시 이율이 낮아진 상태라면 이자가 작았는데요. 2022년 10월부터 보험사에서 확정 금리 상품을 출시하기 시작했습니다. 3년 만기 상품이며 약 5.2~6%의 이율을 확정 금리로 제공합니다. 은행에서 판매하는 정기 예금 3년 상품보다 이자가 많습니다. 다만 보험 상품이기 때문에 중도 해지할 경우 손해를 볼 수도 있다는 점을 기억하세요. 상품에 따라 차이가 있지만, 최근 계약 기간을 6개월만 유지하면 원금을 보장해 주는 저축 보험도 나오고 있습니다. 3년 이상 목돈을 묶어 놓길 원한다면 저축성 보험 상품이 매력적입니다.

정기 예금 3년 가입

정기 예금	예금 이율 4.88%
원금 합계	1억 원
세전 이자	1,464만 원
이자 과세(15.4%)	-225만 4,560원
세후 수령액	1억 1,238만 5,440원

연 4.48%, 단리 계산, 원금 1억 원.

저축성 보험 3년 가입

저축성 보험	공시 이율 5.2%
원금 합계	1억 원
세전 이자	1,511만 5,365만 원
이자 과세(15.4%)	-232만 7,766원
세후 수령액	1억 1,278만 7,599원

연 5.2%, 복리 계산, 원금 1억 원.

가장 높은 금리를 주는 저축 은행은 계속 바뀌는데요. 2022년 12월 기준 대부분의 저축 은행이 6.1%의 금리를 주었습니다. 저축 은행도 비대면 채널을 통해 정기 예금 가입이 가능합니다. 다만 정기 예금에 가입하기 위해서는 해당 은행의 입출금 통장이 필요합니다. 우선 입출금 통장을 만들고 정기 예금 통장을 개설해야 하는데요. 여기서 문제가 생깁니다. 입출금 통장을 비대면으로 만들 경우 이체 금액이 제한되는 것이죠. 비대면 이체는 100만 원까지만 가능하기 때문에 1,000만 원의 정기 예금을 가입하려고 한다면 비대면으로는 불가합니다. 결론적으로 첫 거래를 하는 은행이라면 비대면으로 정기 예금 상품을 가입하는 것은 불가능하고 직접 영업점에 방문해야 합니다.

영업점에 방문하려면 시간을 내야 합니다. 은행이 내가 활동하는 범위 근처에 없을 수 있고, 예치할 돈이 생기면 은행에 직접 찾아가야 하는 불편함도 감수해야 합니다. '돈은 이체하면 되지 않나'라고 생각할수 있지만, 본인 통장으로 돈을 받아야 하기 때문에 입출금 통장을 새로 개설해야 합니다. 또 개설하더라도 돈을 찾으려면 한도 제한을 해제해야 합니다. 최근에는 금융 사기 예방을 위해서 한도 제한도 쉽게 해제되지 않습니다. 그래서 입출금 통장을 만들어서 이 통장으로 돈을 이체한 후에 다시 이 통장을 해지하면서 정기 예금에 가입해야 하는 상황까지 발생할 수 있습니다. 글을 읽으면서도 귀찮고 번거롭게 느껴지실 겁니다.

따라서 기존에 저축 은행이나 지역 농협, 신협, 새마을금고, 산림 조합 등을 이용하던 분이라면 가까운 지점에 들러 금리를 확인하고, 금리가 높으면 가입하는 게 좋습니다. 기사에 나오는 것처럼 어디가 금리가 높다고 하여 거기까지 찾아가 줄을 서서 정기 예금에 가입하는 일은 비효율적입니다.

금리 사용 설명서

검색창에 '정기 예금 금리 비교'를 검색하면 은행, 저축 은행, 신협의 정기 예금 및 적금 금리를 쉽게 비교할 수 있습니다. 정기 예금 가입 시에는 가입 기간에 따른 금리를 확인해야 합니다. 예를 들면 최고 금리는 5.5%로 적혀 있지만 6개월로 가입할 때와 1년으로 가입할 때가 다릅니다. 보통은 1년 기준으로 적혀 있지만 기간에 따라 달라질 수 있음을 기억하세요.

적금도 기간을 확인해야 합니다. 하지만 더 중요한 것은 적금의 최고 금리를 받기 위해서 충족해야 하는 다양한 우대 금리 조건입니다. 최고 금리가 11%로 적혀 있더라도 기본 금리는 3%만 주는 경우도 많습니다. 나머지 8%는 급여 이체, 신용 카드 실적, 자동 이체 등 부수적인 금융 거래를 해야 받을 수 있죠. 또한 적금 가입 가능 금액이 10만 원이나 20만 원밖에 안 되는 경우도 많습니다. 결론적으로 본인의 주거래 은행에서 적금이나 정기 예금에 가입하는 것이 낫습니다.

24

나도 비과세 혜택을
받을 수 있을까?

같은 금융 상품이라도 세금을 내지 않는다면 이자를 더 많이 받을 수 있겠죠. 정기 예금에 가입해서 이자를 받으면 이자에 대한 소득세와 주민세를 합쳐 15.4%의 세금을 내야 합니다. 세금을 따로 낸 적이 없다고 생각하시나요? 정기 예금을 해지할 때 자동으로 세금을 제하고 남은 이자만 받게 됩니다. 이것은 해지 영수증에 잘 나와 있습니다. 1년 만기 5%인 정기 예금에 1억 원을 가입했다면 500만 원(1억 원×5%)의 이자가 들어와야 하나, 실제로는 이자의 15.4%가 세금으로 납부되어 423만 원(500만 원-77만 원(500만 원×15.4%))만 받습니다.

이자가 많아질수록 내야 하는 이자 소득세도 아깝게 느껴지는데요. 그래서 사람들의 비과세 상품에 대한 관심이 높습니다. 비과세 혜택을 받을 수 있다면 적용하는 것이 무조건 이득입니다. 우선 만 65세 이상의 거주자, 장애인, 국가 유공자, 기초 생활 수급자 등이 비과세로 금융 상품에 가입할 수 있습니다. 가입 한도는 전 금융 기관을 모두 합하여 1인당 원금 5,000만 원까지 가능합니다.

나는 해당이 안 된다고 넘어가지 말고, 나의 부모님이나 조부모님을 떠올려 보세요. 은행에서 근무하면서 느끼지만, 아직도 비과세에 대하여 아는 분보다 모르는 분이 더 많습니다. 비과세 대상이 되면 무조건 비과세로 상품을 가입하는 게 좋습니다. 그런데 이것을 이해하지 못해서 비과세로 하지 않겠다는 분도 있습니다. 한번은 우리 부모님, 할아버지, 할머니가 비과세로 잘 가입하고 있는지를 알아보세요.

이제 정기 예금이나 적금, 주택 청약 종합 저축 상품도 인터넷 뱅킹과 스마트 뱅킹으로 가입이 가능합니다. 청약은 정부 고시 이율이어서 농협은행에서 가입하나 국민은행에서 가입하나 영업점에서 가입하나 비대면으로 가입하나 동일합니다. 정기 예금과 적금은 영업점에 방문하여 가입하는 것보다 비대면으로 가입하는 것이 대체로 이자가 더 높습니다. 또한 비대면으로 가입할 때도 비과세를 적용할 수 있습니다. 은행에 방문하기가 어려워도 비대면으로도 비과세를 적용받으세요.

비과세 대상이 아니지만 비과세를 적용받을 수 있는 금융 상품이 지금도 판매됩니다. 청년 우대형 주택 청약 종합 저축 상품, 개인 종합 자산 관리 계좌(ISA), 10년 가입 보험 상품, 장병내일준비적금, 청년희망적금 등이 있습니다. 이 중 2022년 2월에 출시된 청년희망적금은 조기에 마감되어서 더는 가입이 불가하지만, 2023년에 청년도약계좌가 새로 출시되니 가입하면 좋겠습니다. 비과세 혜택을 받을 수 있는 상품을 하나씩 알아보겠습니다.

미래를 준비할 때부터
내 집 마련의 꿈을 이루기까지

1) 청년 우대형 주택 청약 종합 저축

청년 우대형 청약 상품의 가입 대상이 된다면 비과세 혜택과 1.5%의 추가 이율을 받을 수 있습니다. 2022년 12월 기준으로 주택 청약 상품의 기본 금리를 2년 유지 시 2.1%이며 여기에 1.8%를 더해 3.6%의 이자를 받을 수 있습니다. 청약권이 생기는 것은 주택 청약 종합 저축 상품과 동일합니다.

주택 청약 통장 기간별 금리

구분	1개월 초과 1년 미만	1년 이상 2년 미만	2년 이상 10년 이내	10년 초과 시
기존 주택 청약 종합 저축	1.3%	1.8%	2.1%	2.1%
청년 우대형 주택 청약 종합 통장	2.8%	3.3%	3.6%	2.1%

2022년 12월 기준.

2) 10년이 든든한 보험 상품

보험 상품의 가입 기간을 10년으로 하면 비과세 혜택을 받을 수 있습니다. 정기 예금처럼 목돈을 예치하는 일시납의 경우에는 1억 원까지 가능하고, 적금처럼 매월 넣는 적립식 상품은 매월 150만 원(연 1,800만 원)까지 비과세 혜택을 받을 수 있습니다. 보험 상품의 경우에는 사업비를 제한 금액이 납입되기 때문에 중도에 해지하면 원금을 손해 보는 상품이 많습니다. 하지만 최근에는 가입 후 3개월만 유지해도 중도 해지 시 원금 손실이 발생하지 않는 저축성 보험 상품도 출시되고 있습니다.

2022년 말 기준, 정기 예금 1년 금리는 약 5~6% 사이로 판매되고 있지만, 2년이나 3년으로 가입하면 금리가 4%대로 떨어집니다. 당분간 쓰지 않을 자금이라면 확정 금리로 출시된 보험 상품에 가입하는 것도 좋습니다. 최근 보험사에서 5~7% 사이의 확정 금리 상품이 나왔으며 가입 기간이 길어진다고 해서 이율이 낮아지지 않습니다. 보험 상품이기 때문에 10년으로 가입한다면 비과세 혜택도 받을 수 있습니다. 또한 중도 인출 제도가 있어서 급한 일이 생겨 돈을 써야 할 때는 해지하지 않고 돈을 인출해서 사용할 수도 있습니다. 중도 인출은 해지가 아니기 때문에 10년 만기에 대한 이자는 비과세를 그대로 적용받습니다.

3) 장병내일준비적금

장병내일준비적금은 대한민국 군인으로 병역의 의무를 다하는 장병들에게 제대 후 도움이 될 수 있도록 만들어진 적금 상품입니다. 비과세 상품이어서 세금을 내지 않기도 하지만, 3 대 1 매칭 지원금 등으로 적금 이자뿐만 아니라 정부 지원금도 추가로 받을 수 있습니다. 만기 이자의 약 3배의 금액을 매칭 지원금으로 받을 수 있습니다. 만기 이자가 10만 원이라면 매칭 지원금이 약 30만 원입니다.

금리 사용 설명서

비과세가 된다면 무조건 적용하는 것이 이득입니다. 비과세 상품이 나오면 적은 금액이라도 일단 상품에 가입해 놓는 것이 중요합니다. 지금 당장 모을 돈이 없더라도 일단 계좌를 개설해 놓으면 추후에 적립이 가능하니 비과세 상품이 나오면 꼭 가입하세요.

25

사업비 떼는 저축 보험 상품에 가입해도 괜찮을까?

보험 상품은 크게 저축성 상품과 보장성 상품으로 나뉩니다. 은행에서 적금과 정기 예금과 함께 저축성 보험 상품은 물론 보장성 보험 상품도 판매하죠. 최근 금리가 오르면서 확정 금리로 5.9%를 주는 저축성 보험 상품도 출시되었습니다. 과연 정기 예금 금리보다 더 높은 금리를 주는 저축성 보험 상품에 가입해도 괜찮을까요?

결론부터 말씀드리면, 중도 해지만 하지 않는다면 저축성 보험 상품에 가입해도 좋습니다. 최근 확정 금리 저축성 보험 상품이 출시되었습니다. 공시 이율에 따라 이자가 변동되지 않고 고정 금리로 지급되기 때문에 3년 이상 목돈을 쓸 일이 없다면 저축성 보험 상품에 가입하면 좋습니다. 현재 정기 예금 금리의 경우 가입 기간 1년 상품이 가장 높고, 2년과 3년 상품은 1년짜리보다 낮습니다. 확정 금리 저축성 보험 상품은 기본적으로 가입 기간이 3년 만기, 5년 만기이며 이율이 확정됩니다. 단리가 아닌 연복리로 운영되기 때문에 이자가 더 많죠. 그래서 단기에 쓸 자금이 아니라면 저축성 보험 상품이 좋습니다.

돈은 어떻게 굴리느냐에 따라 이자도 세금도 달라진다

금리가 오르니 시중 은행의 정기 예금으로 돈이 몰렸습니다. 보험사 역시 자금을 운용하기 위해서 자금을 모아야 하기 때문에 시중 은행으로 쏠리는 돈을 보험사로 유도할 상품이 필요했습니다. 그래서 어느 보험사에서는 확정 금리 저축성 보험 상품을 최초로 판매했습니다. 확정 금리 보험 상품이 판매되는 날, 전국적으로 이 상품에 가입하려는 고객들이 몰려 해당 보험사의 전산이 마비되었고, 전산 장애로 일부 고객은 가입하지 못한 상황까지 발생했습니다. 그만큼 이자가 높은 상품에 대한 소비자의 니즈가 넘쳐나는데다가 정기 예금이 아닌 보험 상품이라도 충분한 설명을 듣고 이해가 되면 적극적으로 가입하는 고객도 많아졌습니다.

제가 상담한 고객 한 분은 타 은행에서 고액의 정기 예금을 가입하고 남은 금액을 저희 은행에 맡기려 했습니다. 혹시나 모를 위험에 대비해 자금을 두 은행으로 나눈 것이었습니다. 전체 금액은 6억 원 정도였습니다. 5% 금리로 계산하면 이자만 3,000만 원입니다. '이자가 많아서 좋겠다'고 생각할 수 있겠습니다. 하지만 이자 소득이 2,000만 원을 넘으면 금융 소득 종합 과세를 적용받게 됩니다. 이자와 배당금을 합친 금융 소득이 연간 2,000만 원을 초과하지 않으면 이자 소득세로 15.4%만 납부합니다. 그런데 금융 소득이 연간 2,000만 원을 초과하면 초과된 금액에 근로 소득과 사업 소득을 합쳐 누진세율이 적용되고, 결과적으로 세금을 많이 냅니다.

금융 소득세율

과세 표준 구간	세율	누진 공제
1,200만 원 이하	6%	-
1,200만 원 초과 4,600만 원 이하	15%	108만 원
4,600만 원 초과 8,800만 원 이하	24%	522만 원
8,800만 원 초과 1억 5,000만 원 이하	35%	1,490만 원
1억 5,000만 원 초과 3억 원 이하	38%	1,940만 원
3억 원 초과 5억 원 이하	40%	2,540만 원
5억 원 초과 10억 원 이하	42%	3,540만 원
10억 원 초과	45%	6,540만 원

따라서 금융 소득 종합 과세를 적용받지 않는 것이 무엇보다 중요합니다. 이 고객님은 그냥 이자를 적게 받겠다고 돈을 일반 입출금 통장에 넣어 놓으려 했습니다. 고령의 고객이었고, 단순하게 이자를 덜 받

고 금융 소득 종합 과세도 적용받지 않겠다고 생각한 것이죠. 물론 이 방법도 나쁘지는 않지만, 굳이 금리가 높은 상황에서 이자를 포기할 필요는 없다고 말씀드렸습니다. 그리고 이자 소득으로 인한 금융 소득 종합 과세를 막는 방법을 알려드렸습니다.

먼저 이미 가입한 타 은행의 정기 예금 이자를 포함하여 연간 받는 이자가 2,000만 원을 넘지 않도록 했습니다. 방법은 간단합니다. 연간 이자 소득이 2,000만 원을 넘지 않도록 상품의 만기 시점을 다르게 설정하면 됩니다. 저축성 보험 상품은 1억 원에 한해서 10년 가입 시 비과세 혜택을 받을 수 있습니다. 10년 만기 보험으로 1억 원을 가입, 5,000만 원은 5년 만기, 5,000만 원은 3년 만기, 남은 1억 원은 MMF에 입금하여 이자 수령이 분산되도록 하였습니다.

방법 1

A은행 정기 예금 3억 원×5%=1,500만 원
NH농협은행 정기 예금 3억 원×5%=1,500만 원
이자 합계 3,000만 원 → 금융 소득 종합 과세 '대상'

방법 2

A은행 정기 예금 3억 원×5%=1,500만 원
농협은행 MMF 1억 원×4%(예상 수익률) 400만 원(출금 시만 이자 발생)
가입 기간 10년 만기 보험 1억 원 이자(5.9%기준): 5,900만 원 비과세
가입 기간 5년 만기 보험 5,000만 원 이자(5.9% 기준): 1,247만 8,500원 5년 뒤로 이연
가입 기간 3년 만기 보험 5,000만 원 이자(5.9% 기준): 748만 7,100원 3년 뒤로 이연
이자 합계 1,900만 원 → 금융 소득 종합 과세 '미대상'

확정 금리 저축성 보험 상품은 현재 6개월 정도만 지나면 사업비를 차감하고도 원금을 찾을 수 있습니다. 그렇기 때문에 급한 경우에는 해지해도 무방하고, 중도 인출 제도도 있어서 이를 이용해도 됩니다. 또한 MMF는 돈을 출금할 때 이자가 부과되고, 평균적으로 일반 입출금 통장보다 금리가 높습니다. 그래서 고객에게 MMF에 입금하여 필요할 때 돈을 출금하면 된다고 말씀드렸습니다.

고객님은 나이도 많고, 만기가 긴 상품은 기다리기가 힘들다는 이유로 처음에는 가입하기 싫다고 했지만, 설명을 다 듣고 나서는 생각을 바꿨습니다. 세금을 많이 내는 게 두려워 이자를 포기하지 않아도 되고, 자녀들이 돈을 빌려 달라고 해도 장기 가입 상품에 가입했다며 빌려주지 않을 수 있는 명분도 생겼습니다.

마지막으로, 앞으로도 지금처럼 금리가 유지될 경우 이 고객은 3년 뒤 보험이 해지되면 타 은행 정기 예금 상품 이자와 합쳐 금융 소득이 2,000만 원이 넘습니다. 금융 소득 종합 과세를 받지 않으려면 내년 타 은행 정기 예금 만기 시에 원금의 절반을 배우자의 명의로 가입하라고 권했습니다. 배우자에게 증여하는 재산은 6억 원까지 증여 공제가 되어 증여세 과세 대상이 되지 않습니다.

'보험 상품은 사업비를 떼니까 무조건 안 좋다'는 인식에서 벗어나 나에게 맞추어 설계하면 더 많은 수익을 가져갈 수 있음을 아는 것이 중요합니다. 2022년 11월까지는 정기 예금 금리가 계속 올라갔지만, 12월이 되자 오히려 금리가 떨어졌습니다. 금리의 변화를 예측하긴 어렵지만,

높은 이율의 확정 금리 상품은 충분히 매력적입니다.

본인이나 부모님이 1년마다 정기 예금 가입과 해지를 반복한다면 저축성 보험 상품에 가입하여 세금을 적게 내는 것이 유리합니다. 저축성 보험 상품은 단리가 아닌 연복리로 운용되기 때문에 기간이 길어질수록 이자가 많아집니다. 예금자 보호를 받고 싶다면 원금과 이자를 합쳐 5,000만 원 이하로 보험사를 다르게 하여 가입하면 됩니다.

🔍 금리 사용 설명서

금융 소득 종합 과세는 건강 보험료에도 영향을 미칩니다. 직장 가입자의 경우 금융, 사업, 국민연금, 기타 소득 등 월급 이외의 소득이 2,000만 원을 초과하면 초과분에 대해 6.99%를 계산하여 지역 보험료를 따로 부과합니다. 지역 가입자의 경우 금융 소득이 연간 1,000만 원을 초과 시 건강 보험료가 증액됩니다. 또한 피부양자로 등록된 자가 금융 소득만으로 2,000만 원이 초과되면 피부양자 자격이 박탈됩니다.

다른 소득이 없는 상태로 금융 소득만 7,650만 원 이하인 경우라면 금융 소득 종합 과세로 인한 추가세 부담은 없습니다.

26

잠들어 있는
퇴직 연금을 깨워라

퇴직금은 회사를 그만둘 때 받는 급여로, 대부분의 회사가 퇴직 연금 제도를 도입해서 운영합니다. 퇴직 연금 제도는 확정 급여형(DB, defined benefit)과 확정 기여형(DC, defined contribution) 그리고 개인형 퇴직 연금인 IRP(individual retirement pension)가 있습니다.

확정 급여형 퇴직 연금 제도는 회사에서 관리하기 때문에 수익이 나도 나에게 좋을 게 없습니다. 우리가 기억해야 할 것은 확정 기여형 연금 제도인 DC와 개인형 퇴직 연금 IRP입니다. DC는 나의 퇴직금과 직결되기 때문에 수익률이 높아지면 퇴직금이 많아집니다. 개인형 IRP 상품은 세액 공제를 받을 수 있고, 투자 상품으로 운용이 가능합니다. 그런데 직장인 대다수가 퇴직 연금 제도에 관심을 두지 않습니다. '퇴직해야 받는 돈'이라는 생각이 무관심의 원인일 수 있지만, 일부 직장인은 자신이 퇴직금을 운용하고 있다는 것 자체를 모르는 경우도 많습니다.

혹시 여태까지 나의 퇴직금에 관심을 두지 않았다면 지금 바로 나의 퇴직금이 적립된 금융 회사 홈페이지에 접속해 보세요. 은행이라면 은행 앱에서 바로 확인할 수 있습니다. 만약 최근 확인한 퇴직금 제도가 DC라면 좋은 수익률을 내고 있을 겁니다. DC 신규 가입 상품이 대부분 원리금 보장형이기 때문입니다.

원리금 보장 상품으로 가입된 이유는 퇴직 연금 제도를 도입하는 회사의 편의 때문인 경우가 많습니다. DC 제도를 도입할 때 원리금 보장형이 아닌 원리금 비보장형 투자 상품으로 등록하려면 가입자 개개인이 퇴직 연금 제도를 도입하는 금융 회사에 방문해서 투자 성향을 진단하고 원하는 상품을 선택해야 하기 때문입니다. 고용 기간이 1년 미만인 직원도 퇴직 연금 제도에 가입 가능하도록 했다면 직원이 1년이 안 되어 퇴사했을 때 회사가 퇴직 적립금을 반환받는데요. 펀드나 ETF 등으로 상품을 운용하다 마이너스 수익률이 나면 회사에 손실을 끼치기 때문입니다.

따라서 효율적인 퇴직금 제도를 도입하고 회사의 손실을 방지하기 위해서 DC 제도를 도입할 경우에는 우선 원리금 보장 상품으로 구성하여 가입을 진행합니다. 문제는 가입자들이 퇴직 연금 제도에 대해 교육을 받고, 서류를 작성했음에도 내가 어떤 퇴직 연금 제도에 가입되어 있는지를 모른다는 사실입니다.

어쨌든 그동안 DC에 전혀 관심이 없던 직원이라면, 나의 퇴직금이 적어도 마이너스는 아니라는 것을 확인하셨을 겁니다. 퇴직 연금 운용 상품이 원리금 보장형인 정기 예금으로 운용될 확률이 높거든요. 1년 정기 예금으로 운용되고 있다면 1년 만기가 될 때마다 이자가 나의 퇴직금에 포함됩니다. 이자 수익이 많아지면 퇴직 시에 많은 퇴직금을 받게 됩니다.

소중한 퇴직금
안전하게 수익률 높이는 법

그럼 현재는 퇴직금 수익률이 좋으니 앞으로도 이렇게 운용하는 것이 합리적일지 한번 생각해 봐야 합니다. 일단 퇴직이 5년 미만으로 얼마 남지 않은 경우에는 정기 예금 상품으로 계속 운용해도 괜찮습니다. 향후 금리가 하락하는 시기가 오겠지만, 그 전까지 현재 금리가 큰 폭의 변화는 없을 것입니다. 그러므로 정기 예금 상품으로 운용하면 안정적인 이자 수익을 쌓아 갈 수 있습니다.

반대로 정년퇴직까지 아직 많이 남아 있다면 지금부터 퇴직 연금 운용 상품을 어떻게 구성할지 고민해야 합니다. 본인의 투자 성향과 관심도에 따라 운용 상품과 운용 비율이 달라져야 합니다.

'나의 노후 생활을 위해 퇴직금은 반드시 안전하게 지켜야 한다'고 생각하는 분이라면 투자 성향은 안정형이며 정기 예금 상품으로 놔두면 됩니다. 정기 예금은 원금이 보장되고 이자를 받기 때문에 금리가 마이너스가 되지 않는 이상 안전하게 나의 퇴직금을 보호할 수 있습니다. 그리고 한 번 설정해 놓으면 계속해서 정기 예금 상품으로 재예치됩니다. 퇴직금을 신경 쓰기가 싫고 귀찮게 느껴진다면 당연히 정기 예금 상품이 좋습니다. 다만 정기 예금 상품도 다양하여 은행과 가입 기간에 따라 이율이 달라집니다. 따라서 1년에 한 번 정도는 퇴직 연금 운용 상품을 확인하면서 이율 높은 상품으로 변경하는 것이 좋습니다. 기존에 낮은 금리로 운용 중이라면 높은 금리로 교체 매매하는 것이죠.

안정형과는 달리 '기왕 받을 퇴직금 남보다 많이 받으면 좋겠다'고 생각한다면 퇴직 연금을 적극적으로 관리하면 됩니다. 퇴직 연금 운용 상품을 정기 예금만이 아니라 원리금 비보장형(투자 상품)까지 확대하는 것이 중요합니다.

다음 표는 A증권사에서 발표한 2021년 6월부터 2022년 5월까지 1년 간의 개인형 IRP 퇴직 연금 수익률 현황입니다. 개인형 IRP와 DC는 내가 가입했느냐 회사에서 가입했느냐의 차이가 있을 뿐 모두 내가 상품 운용을 할 수 있습니다. 다만 개인형 IRP는 자발적으로 세액 공제를 받기 위해 가입한 상품이기 때문에 개인의 투자 성향에 따라 원리금 비보장 상품(투자 상품)의 비중이 높을 수 있습니다.

수익률이 상위 5%가 2.89%, 하위 5%가 마이너스 14.39%인데요. 수익률이 이렇게 낮은 것은 2021년 6월을 기준 시점으로 정했기 때문입니다.

A증권사 연금 수익률 상위·하위 5% 보유 상품 현황

상위 5% 고객 수익률: 2.89%		하위 5% 고객 수익률: -14.39%	
상품 구분	비중	상품 구분	비중
펀드	23.52%	펀드	71.72%
리츠	19.88%	ETF	17.73%
ETF	19.21%	현금성 자산	6.76%
현금성 자산	15.32%	정기 예금	2.27%
정기 예금	15.07%	RP	0.83%
ELB	5.52%	ELB	0.42%
RP	1.02%	리츠	0.27%
채권	0.46%	채권	0.00%

개인형 IRP 기준(2021년 6월1일~2022년 5월31일).

이때부터 2022년 5월까지 주식 시장이 큰 폭으로 하락했기 때문에 펀드, 리츠, ETF 등 대부분의 투자 상품이 마이너스 수익률일 것입니다. 하위 5%의 수익률이 마이너스 14%라고 하지만, 이는 평균 수치이기 때문에 마이너스 수익률이 30%, 40%인 분도 많을 겁니다.

이렇게 퇴직 연금 수익률이 마이너스가 된 이유는 2020년과 2021년에 주식 시장이 상승기였고, 당시 뉴스에서 퇴직 연금이 원리금 보장 상품으로 운용되어 수익률이 낮아서 이를 개선해야 한다는 내용이 주로 보도되었기 때문입니다. 이 기사를 접한 발 빠른 직장인들은 정기 예금으로 운용되던 퇴직 연금 상품을 펀드와 ETF로 교체 매매했습니다. 한동안은 수익률이 좋았겠지만, 2021년 하반기부터 주식 시장이 하락하며 마이너스 수익률이 되어 버린 것입니다.

이 자료를 보고 '연금을 펀드로 운용하면 위험하구나', '투자 상품은 위험하네'라고 생각하면 안 됩니다. 핵심은 나의 퇴직금을 안전하게 늘려 가려면 퇴직 연금 운용 상품을 다양하게 구성해야 한다는 것입니다. 상위 5% 고객의 수익률 2.89%가 많아 보이지는 않지만, 하위 5% 고객의 마이너스 14%와 비교한다면 플러스 수익률을 내고 있다는 것만으로도 자산 운용을 잘하고 있다고 볼 수 있습니다.

상위 5%의 고객은 원리금 비보장 상품과 원리금 보장 상품을 약 6대 4 비율로 운용하고 있습니다. 이 비율이 정답은 아닙니다. 하지만 펀드든 정기 예금이든 한쪽으로 기울여 투자하기보다는 원금 보장 상품과 원금 비보장 상품의 비율을 5대5나 6대4로 정해서 투자해야 리스크를 관리할 수 있습니다. 또한 투자한 상품에서 큰 이익이 나면 자산 비율이 달라질 수 있으니, 수익이 난 상품을 일부 매도하고 수익이 나지 않은 쪽 상품을 추가 매수해서 다시 비율을 맞춰 가는 것이 좋습니다.

너무 어렵게 느껴진다면 TDF 펀드에 투자해도 좋습니다. TDF(target date fund) 펀드란 '은퇴 시점에 맞춰 생애 주기에 따라 포트폴리오를 알아서 조정하는 자산 배분 펀드'입니다. TDF 펀드로 퇴직금을 운용하면 20대에는 주식 비중을 높여서 투자하고, 50대에는 채권 비중을 높여서 투자하는 식으로 은퇴 시점에 안정적으로 퇴직금을 받을 수 있도록 자동으로 운용합니다. 대신 다른 펀드 상품보다 수수료가 높은 편이 단점입니다.

🎮 금리 사용 설명서 ─────────────────────

확정 기여형 DC는 내가 직접 운용 상품을 설정할 수 있습니다. 직장이 퇴직 연금 제도를 도입한 금융 회사 홈페이지의 퇴직 연금 메뉴에 접속하면 운용 현황을 조회할 수 있습니다. 운용 현황을 조회하여 기존에 운용되는 상품을 해지하고 새로운 상품으로 교체할 수 있습니다. 또한 앞으로 적립되는 퇴직금을 운용할 상품도 선택하여 비율을 조정할 수 있습니다. 퇴직금은 퇴직 이후에 받기 때문에 장기적으로 운용될 수밖에 없습니다. 그러므로 퇴직금 적립 초기를 어떻게 관리했느냐가 매우 중요합니다.

27

투자 성향이 적극적이라면
시도해 볼 만한 ELS

한국말보다 영어가 쉬운 금융 상품들이 있습니다. 저에게는 ETF가 그런 상품인데요. ETF(exchange traded fund)를 우리말로 '상장 지수 펀드'라고 합니다. 그런데 오히려 주식이라고 생각하는 것이 이해가 쉽습니다. 주식처럼 주식 시장에서 매매가 되니까요. ELS 상품과 DLS 상품도 영어 줄임말로 기억하면 편한데요. 앞 글자가 다르니 두 상품이 조금 차이가 있나 봅니다. ELS와 DLS는 무엇일까요?

ELS(equity linked securities)란 우리말로 '주가 연계 증권'입니다. 개별 주식의 가격이나 주가 지수와 연동하여 수익률이 결정되는 파생 상품입니다.

DLS(derivatives linked securities)란 우리말로 '파생 결합 증권'입니

다. 환율, 이자율, 실물 자산, 신용 위험 등 다양한 기초 자산과 연계되어 수익률이 결정되는 파생 상품입니다.

ELS 상품은 은행에 자주 방문하는 분이라면 한 번쯤 들어 보셨을 것입니다. 보통 은행원이 ELS를 '정기 예금처럼 이율이 정해져 있고, 만기 기간은 3년인데 조건을 충족하면 6개월 만에 해지가 되며 정기 예금보다 2배 정도 이자를 더 받을 수 있는 상품'이라고 설명해 줍니다. 이렇게만 들으면 정기 예금보다 이자를 많이 줘서 좋은 상품인 것 같은데요. 여기까지는 단순하게 상품을 소개하는 정도입니다.

실제로 상품에 가입 의사를 밝히고 본격적으로 설명을 들으려고 하면 투자 성향 진단부터 시작합니다. 은행은 투자 성향 진단 질문지를 통해 파악한 고객의 투자 성향에 맞는 상품만 판매할 수 있습니다. 이 때문에 고객이 가입하고 싶다 해도 가입하지 못하는 경우도 많습니다. 또한 은행원이 하는 말만 듣고 혹해서 가입을 진행하다가도 안 하겠다고 하는 고객도 많은데요. 그 이유는 설명을 듣거나 서류를 작성하다 보면 원금 전액을 손실 볼 수도 있고, 투자 상품이며, 예금자 보호가 안 된다는 것을 알게 되기 때문이죠. 그럼 자연스럽게 '나와 맞지 않는 위험한 상품이니 가입하면 안 되겠다'는 마음이 들어서 상품 가입을 중단하고 다시 정기 예금에 가입합니다.

ELS 상품이나 펀드 상품이나 원금 보장과 예금자 보호가 되지 않는 위험한 투자 상품입니다. 무조건 원금 보장을 받아야 하고, 정기 예금 이자만으로 충분히 만족한다면 여기는 넘어가서도 좋습니다. 하지만

이 상품을 이해해서 금융 상품에 대해 좀 더 유연하게 생각하고, 조금 더 수익을 내고 싶다면 알고 있는 것이 훨씬 유리합니다. 일단은 상품이 뭔지 알아야 가입을 하든 하지 않든 결정할 수 있을 테니까요. 최대한 쉽게 설명드리겠습니다.

이자가 보장되는 꾸준한 상품

은행에서 판매되는 ELS는 대체로 기초 자산이 지수형인 상품입니다. 코스피200, 유로스톡스50, S&P500, HSCEI(홍콩H), 니케이225 등 지수를 기준으로 운용되는 상품이라는 뜻입니다. 보통 이 지수들 중 세 가지를 선택해서 상품을 만듭니다.

이 세 가지 상품이 설정되는 날 기준 가격이 정해지는데요. 정해진 기준 가격이 조건을 충족하면 원금과 이자를 받고 해지가 됩니다. 상환 조건은 보통 '90-90-85-80-70-55'로 적혀 있는 경우가 많습니다. 일반적으로 3년 만기에 6개월 조기 상환 상품이며 6개월에 한 번씩 평가합니다. 평가는 '90-90-85-80-70-55'를 기준으로 합니다. '90'은 90%를 말하는데요. 최초 기준 가격에 90%를 곱해서 나온 숫자보다 평가일의 지수가 높으면 해지되며 원금과 이자를 받습니다. 직접 숫자를 넣어보면 이해하기가 쉽습니다.

○○금융투자 제20000회 파생결합증권(ELS)

- 유형: 만기 지급식 조기 상환형 스텝다운 ELS(No Knock-In)
- 기초 자산: HSCEI/EUROSTOXX50/S&P500
- 만기/상환 주기: 3년/6개월
- 상환 조건: 90-90-85-80-70-55
- 최대 수익(세전): 30.00%(연 10%)
- 손실: 하나의 기초 자산이라도 최종 기준 가격이 최초 기준 가격의 55% 미만인 경우 -100%~-45%

2023년 1월 2일에 가입하고 해당일이 기준 가격 설정일이라고 가정해 보겠습니다. 2023년 1월 2일의 S&P500 지수가 3,850p라고 한다면 6개월이 지난 시점의 상환 조건 가격은 3,465p(3,850p×90%)입니다. 2023년 7월 2일에 S&P500 지수가 3,465p보다 높다면 3,466p만 되더라도 5%의 이자를 받고 자동 해지가 됩니다. 5%는 연 10%이기 때문에 6개월 만에 해지되어 5%의 이자를 받는 것입니다.

만약 2023년 7월 2일에 S&P500 지수가 3,465p보다 작은 3,400p라고 가정하면 손실이 나는 것은 아니고 다음 번 상환 평가일로 연장됩니다. 다시 2024년 1월 2일에 3,465p보다 높은지 낮은지를 확인하고 마찬가지로 3,465p보다 높으면 이제는 1년 치 이자를 받고 해지됩니다. 또 낮다면 다시 6개월로 연장됩니다. 그래서 마지막 3년까지 연장되면 이제는 55%를 곱해서 55%보다 높은지 낮은지를 확인합니다. 2,117.5p(3,850p×55%)로, 2026년 1월 2일의 S&P500 지수가 2,117.5p보다 높으면 3년 치 이자인 30%를 받고 해지됩니다. 만약 마지막 평가에서도 상환 조건이 충족되지 못하면 가장 낮은 기초 자산의 하락된 퍼센트만큼 손실을 봅니다.

결론적으로 ELS 상품은 내가 가입한 시점에서 가격이 큰 폭으로 떨어지지만 않는다면 이익을 보는 상품입니다. 이것이 펀드나 주식과 다른 점입니다. 주식은 매입한 순간 매입한 가격보다 올라가야 돈을 벌 수 있습니다. 펀드도 내가 가입한 시점보다 올라가야 환매해서 돈을 벌 수 있습니다. ELS는 내가 해지할 수는 없지만 가격이 가입 시점보다 오르면 당연히 이자를 받고, 떨어지더라도 상환 조건만 충족하면 이자를 받습니다. 원금도 당연히 받을 수 있고요. 그래서 주식 시장의 변동 폭이 크지 않고 박스권(일정 범위 안에서만 움직일 때)에 있을 때는 ELS 상품으로 지속적인 수익을 가져올 수 있습니다.

그럼 DLS는 어떤 상품일까요? DLS는 기초 자산이 환율, 실물 자산, 원자재 등으로 설계된 금융 상품입니다. 2019년에 독일 금리를 기초 자산으로 만들어진 'KB독일금리연계전문사모증권투자신탁제7호'는 이자만 남고 원금은 100% 손실이 확정되었습니다. 당시 이 상품의 이자는 1.4%였습니다. 사람들은 정기 예금 금리가 너무 낮다 보니 조금이라도 이자 수입을 올리기 위해서 가입했을 텐데요. 손실이 발생하여 당연히 피해를 입었고, 해당 상품을 많이 판매했던 은행은 기관 제재 및 과태료가 부과되었습니다.

이 이후로 DLS 상품을 보기가 힘들어졌습니다. 증권사에서도 거의 판매하지 않고 있습니다. 시간이 지나서 DLS 상품 판매도 다시 활성화

될 수도 있지만, 2019년 DLS 사태를 보면 DLS 상품이 위험하다는 것을 직감하실 수 있을 겁니다. 한국의 금리도 오를지 내릴지 모르는데, 독일의 금리를 예측하는 것은 더 어렵겠죠. 원유, 금, 은 등 원자재를 기초 자산으로 하는 DLS는 주가 지수보다 변동 폭이 훨씬 클 수밖에 없습니다. 따라서 수익률이 높더라도 DLS 상품은 가입하지 않는 게 좋다고 생각합니다.

💰 금리 사용 설명서

ELS는 원금 손실이 생길 수 있습니다. 그럼에도 가입 시점이 저점이라면 손해 보지 않고 수익을 가져갈 수 있는 상품입니다. ELS의 가입 시점은 주가 지수의 변동성이 안정적이거나 완만할 때 가입하면 좋습니다. 그리고 상환 조건의 마지막이 낮을수록 좋습니다. 기초 자산이 특정 종목인 것보다는 S&P500, 코스피200처럼 주가 지수인 것으로 가입하면 보다 안전합니다. 기초 자산은 보통 두세 가지로 구성되는데, 기초 자산이 적은 상품이 조금 더 안전합니다.

28

낙인 찍은 ELS는
무조건 손해일까?

ELS 상품은 크게 낙인(Knock-in) 상품과 노낙인(No Knock-in) 상품이 있습니다. 간단하게 설명하면 ELS 상품은 조기 상환 조건 배리어(Barrier)가 있습니다. 배리어는 상환을 위한 조건의 기준 가격이라고 보면 되는데요. '낙인을 찍었다', '낙인을 터치했다'는 기초 자산(코스피200, S&P500)이 낙인 배리어 밑으로 떨어졌다는 의미입니다.

대다수의 고객과 일부 금융 회사 직원들도 낙인을 터치하면 무조건 손해를 본다고 알고 있는 경우가 많습니다. 결론부터 말씀드리면 ELS 상품 중 낙인 조건이 있는 상품에 가입해서 낙인을 찍었더라도 무조건 손해가 확정되는 것은 아닙니다. 그래서 현재 가입된 ELS 상품이 낙인이 되었더라도 바로 해지하는 것은 좋은 방법이 아닙니다. 낙인이 되더라도 마지막 상환 조건을 충족하면 원금 손실이 없으며 이자까지 받을 수 있습니다. 따라서 일단은 마지막 상환까지 기다리는 게 중요합니다. 스트레스는 많이 받겠지만 참아야 합니다.

걱정과 불안으로
도움을 요청한 ELS 투자자들

[사례1] 2020년 3월 25일 블로그 댓글 질문

2020년 2월 18일에 ELS 가입했습니다. 은행에서 가입했는데 불안합니다. 자꾸 은행에서 문자도 오고 하니까 겁이 나요. 아직 181일 이내니까 0.5% 수수료 내고 해지 가능한 거 같은데 가입한 직원에게 전화해 보니 해지하면 손해라고 놔두는 게 낫다네요… 판단은 제가 하는 건데 잘 몰라서 어떻게 해야 할지 모르겠어요. 도와주세요.

[사례2] 2022년 10월 30일 블로그 댓글 질문

저는 홍콩H지수로 변동성의 최고를 보았습니다. 1년 4개월 뒤에 만기입니다. 추이를 볼 때 내일이면 낙인을 볼 것 같습니다. 그래서 이러지도 저러지도 못하고 있습니다. 낙인을 목전에 두고 해지하면 반절이 날아가지만 반절은 찾습니다. 하지만 낙인을 맛보고 1년 4개월 뒤에 복구가 되지 않으면 저는 완전히 잃습니다. 엄청 큰돈이라 말도 안 나옵니다…. 담당자는 선택은 고객의 몫이라고, 해지 수수료도 있다고 합니다. 어찌 해야 될까요? 대부분 낙인을 찍으면 기다리고 또 기다리는 게 답이라고 하는데 답답해서요. 만약 지수가 오르지 않으면 절반 아래로 찾게 됩니다. 앞자리가 5에서 8로 바뀌어야 하는데 1년 안에 바뀔 수 있을지… 저는 해지를 고민하고 있습니다. 제 눈에는 중국이 암울해요.

제가 블로그에 쓴 ELS 관련 글에 달린 질문 두 개를 적어 보았습니다. 2020년 3월은 팬데믹으로 전 세계의 주식 시장이 폭락한 시기입니다. 그동안 ELS 상품에 가입하여 꾸준히 이자를 받아 갔던 고객들도 걱정과 불안이 극에 달한 기간이었습니다. 저도 앞으로 상황이 어떻게 될지 예측할 수 없었습니다. 하지만 코로나19라는 전염병으로 인한 급격한 하락이었고 금융 위기를 촉발할 만한 금융 사건이 발생한 것이 아니었기에 지수가 상승할 것으로 판단했습니다. 그래서 [사례1]에는 시간을 두고 기다리면 손실 없이 해지될 것이라고 긍정적으로 말씀드렸습니다. 이후 미국을 비롯한 대부분의 국가들이 즉각적으로 금리 인하 및 양적 완화를 시행하면서 풍부한 유동성을 바탕으로 주가 지수가 바로 반등하였습니다. 그래서 대부분의 ELS 상품이 손해 없이 원금과 이자를 받으며 해지되었습니다. 댓글을 단 분에게 감사의 댓글을 받았습니다.

문제는 [사례2]입니다. 질문자의 글을 보면 2021년에 가입한 ELS 상품입니다. 기초 자산으로 홍콩H지수가 포함된 상품에 가입했는데,

ELS 상품 중에 조기 상환이 잘 이루어지지 않는 상품을 보면 대부분이 홍콩H지수가 포함되었습니다. 홍콩H지수의 그래프를 살펴보겠습니다.

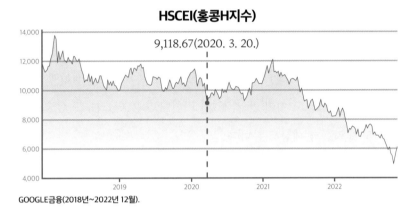

HSCEI(홍콩H지수)

9,118.67(2020. 3. 20.)

GOOGLE금융(2018년~2022년 12월).

홍콩H지수는 코로나19가 발생한 직후 2020년 3월 20일 9,118.67p로 최저점을 찍고 반등합니다. 2021년 2월 19일에 12,106.77p를 찍고 계속해서 하락했지만, 다행히 2022년 11월부터 반등하고 있습니다. 이러한 상승세를 타고 올라간다면 질문자의 ELS도 문제없이 상환될 것입니다.

문제는 과연 이렇게 계속 상승할지를 모른다는 것입니다. 2020년에 코로나19로 인하여 큰 폭의 하락이 있었지만, 그때는 정부가 적극적으로 돈을 공급했습니다. 풍부한 유동성은 주식 시장으로 흘러들어 한국뿐 아니라 전 세계적으로 주식 시장이 사상 최고치를 달성했습니다.

반면 2022년은 2020년과는 다릅니다. 물가 상승으로 인해 정부에서 금리를 인상하면서 돈을 빨아들이고, 러시아와 우크라이나의 전쟁으로 원자재값이 계속 올랐습니다. 그래서 답변하기가 쉽지 않았습니다.

휴전이든 종전이든 러시아-우크라이나 전쟁이 끝나면 변화가 있을 것입니다. 그리고 소비자 물가 지수의 상승 폭이 둔화되면서 연준에서 더는 금리를 인상하지 않는다면 주가 지수의 변동이 있을 것으로 판단합니다. 또한 중국의 시진핑 주석의 3연임도 확정되었기 때문에 기존의 시진핑 리스크도 이미 반영되었다고 한다면 홍콩H지수도 상승세를 유지하지 않을까 예상해 봅니다.

ELS 상환 조건

홍콩H지수 12,106.77p 기준	70%	65%	60%	55%
	8,474.74	7,689.40	7,264.06	6,658.72

따라서 2021년에 ELS에 가입했다면 1년 이상의 시간이 남아 있기 때문에 지금 해지하여 손실을 확정하기보다는 시장의 상황이 좋아질 것이라는 긍정적인 생각을 가지고 일단은 버티는 것이 좋습니다. 또한 홍콩H지수가 큰 폭으로 하락한 만큼, 홍콩H지수를 추종하는 ETF에 투자하여 홍콩H지수 상승 시 매도해 수익을 가져가는 것을 손실을 만회하는 방법으로 추천합니다.

가입한 ELS가 낙인을 찍었을 경우 이렇게 하세요.

첫 번째, 우선은 기다립니다. 조기 상환 기회를 엿보며 만기까지 버텨야 합니다. 지수의 하락 폭이 크다면 회복도 빨라질 수 있습니다.

두 번째, 낙인을 찍은 기초 자산의 ETF를 매수합니다. 하락한 기초 자산이기 때문에 앞으로 상승할 여지가 충분합니다. 손실을 수익으로 메꾸는 방법입니다.

세 번째, 만기일이 얼마 남지 않은 상태라면 가장 많이 하락한 기초 자산의 반등이 있을 때 해지 신청을 하여 손실을 최소화합니다.

29

채권은
언제 사고 언제 팔까?

금리와 관련한 상품 중 가장 헷갈리는 것이 채권입니다. 금리가 오르면 정기 예금 금리도 같이 올라간다는 것은 이해하기 쉽습니다. 그런데 금리가 오르면 채권 가격이 내려간다는 것은 생소합니다. 금리가 오르는데 채권 가격은 왜 내려갈까요? 그 이유는 채권 수익률에 있습니다. 금리가 오르면 채권 수익률은 올라가지만 반대로 채권 가격은 내려갑니다. 복잡한 것 같아도 한 번만 정리해 놓으면 아주 간단해집니다.

먼저 채권에 대해서 알아보겠습니다. 채권은 '국가나 은행, 회사가 사업에 필요한 자금을 마련하기 위해 발행하는 유가 증권'입니다. 국공채, 금융채, 회사채 등이 있습니다. 지인에게 돈을 빌려주고 작성하는 차용증도 채권이라고 볼 수 있습니다. 채권은 만기가 정해져 있고 채권을 만기까지 보유했을 때 받는 이자를 만기 수익률이라고 합니다.

채권을 이해하는 쉬운 방법

채권을 중도 해지가 안 되는 정기 예금 상품이라고 생각하면 매우 쉽습니다. 채권 상품에서 '10년물 국채', '2년물 국채'를 '만기 10년 정기 예금', '만기 2년 정기 예금'으로 바꿔 보세요. 여기서 10년물, 2년물은 국채의 만기 기간을 말합니다. 즉 '10년 만기 채권'을 '10년물'이라고 표현합니다.

예를 들어, 10년물 국채는 만기가 10년인 정기 예금이며 금리가 연 3%라고 가정해 보겠습니다. 1년마다 3%의 이자를 받는 정기 예금에 가입했습니다. 그런데 일주일 뒤 한국은행이 갑자기 금리를 인상하면서 정기 예금 금리가 5%가 되었습니다. 며칠만 늦게 가입했다면 5%의 이자를 받을 수 있었는데, 조금 일찍 가입해서 2%나 이자를 못 받게 되었습니다. 중도 해지가 되지 않으니 앞으로 10년 동안 3%의 이자만 받아야 합니다. '조금만 늦게 가입할걸' 후회되고, 못 받는 이자가 너무 아쉽습니다. 3%의 이자를 받고 있으니 차라리 이 정기 예금을 팔아 버리고 싶습니다. 하지만 5%를 주는 정기 예금이 나왔으니 당연히 3% 정기 예금은 아무도 사지 않겠죠.

그런데 3% 정기 예금을 사겠다는 구매자가 나타났습니다. 구매자는 매년 2%씩의 금리를 원금에서 빼 주면 사겠다고 합니다. 결국 원금에서 10년 동안 못 받게 되는 2% 금리 차이만큼 빼고 팔았습니다. 원금보다 싸게 팔았죠. 5%로 금리가 오르니 이전에 가입했던 3%의 정기 예금은 가치가 떨어진 것입니다. 즉 채권의 가치가 떨어진 것이죠. 금리가 오르면 채권 가격이 떨어집니다.

금리를 보고
채권을 사고 판다

그럼 채권은 언제 투자해야 좋을까요? 채권은 금리가 고점일 때 매수하여 금리가 떨어졌을 때 팔면 됩니다. 그런데 이 시기를 예측하기가 매우 어렵습니다. 2022년의 금융 시장은 1990년 이후로 주식과 채권 모두가 크게 손실이 난 특별한 기간이었습니다. 주식 시장과 채권 시장은 보통 반대로 움직이는데 2022년은 둘 다 손실이 발생했죠. 급격한 금리 인상으로 시장이 왜곡되었다고 볼 수 있겠습니다.

2023년은 금리 인상의 마무리 단계에 진입할 것으로 예상됩니다. 미국 연준의 긴축 정책이 당분간 지속될 것으로 보이지만, 이는 경기 둔화를 유발하고 미국 장기채 금리의 하락으로 이어질 것입니다. 또한 경기 침체가 올 것이라는 부정적인 전망이 더 이상 금리 인상을 할 수 없게 만듭니다. 결국 금리는 빠르면 2023년 하반기부터, 늦으면 2024년부터는 떨어질 것으로 보입니다. 그러니 지금이 바로 채권 투자에 관심을 가질 시기입니다.

채권 투자 방법은 직접 채권을 매수하는 방법과 채권형 ETF나 채권형 펀드에 간접 투자하는 방법이 있습니다. 직접 채권을 매수하는 경우에는 간접 투자보다 높은 수익을 올릴 수 있으나 내가 매입한 채권의 기업이 부실 기업이 되어 부도가 나면 투자금을 모두 잃을 수 있습니다. 채권형 ETF를 매수하거나 채권형 펀드에 가입한다면 큰 수익률은 기대하지 못하더라도 안정적으로 수익을 추구할 수 있습니다.

채권을 매수하는 방법은 주식과 동일합니다. 증권사에서 제공하는 MTS나 HTS로 거래할 수 있습니다. 보통 금융 상품 메뉴에서 채권을 선택하면 됩니다. 거래 가능한 채권에는 장내 채권, 장외 채권, 외화 채권 등이 있습니다. 대부분의 채권 투자의 경우 중도 환매가 불가능한 경우가 많습니다. 따라서 급히 사용할 수도 있는 돈이라면 채권을 매수하지 않는 것이 좋습니다. 채권이 만기가 되면 매수 대금이 나간 계좌로 채권 이자와 원금이 입금됩니다.

📜 금리 사용 설명서

금리가 상승하면 채권 가격이 하락합니다. 따라서 금리가 고점일 때 채권을 매수하고 기다리다가 금리가 하락할 때 채권을 매도하면 좋은 수익을 얻을 수 있습니다.

30

ELS보다 안전하고
예금보다 이율 높은 상품이 있다?

한때 유행했지만 지금은 사라진 상품도 있고, 한동안 안 보이다가 다시 인기를 끄는 상품도 있습니다. 2022년 15년 만에 띠부띠부씰과 함께 다시 돌아온 포켓몬빵은 많은 부모가 마트 문이 열기 전부터 줄을 서서 기다릴 만큼 엄청난 인기를 끌었죠. 이처럼 유행이 돌고 돌듯 금융 상품도 유행을 탑니다.

주가 연계 파생 결합 사채 ELB(equity linked bond)는 한동안 보기 힘들었다가 최근 인기를 끌고 있습니다. ELB는 자산 대부분을 안정적인 채권에 투자하면서 일부를 위험 자산에 투자하여 수익을 내는 상품입니다. 발행사가 망해서 사라지는 리스크만 없다면 원금 보장형이면서 2022년 말 기준 6~8%의 이자를 주는 안전한 상품 중 하나입니다.

다시 돌아온
파생 결합 사채 ELB

2022월 12월 13일 기준, 한국 예탁 결제원에 따르면 지난 12월 12일 까지 발행된 ELB 규모는 13조 3,400억 원으로 2021년 같은 기간의 8조 8,353억 원보다 약 50% 증가했습니다. 2022년 하반기 발행 규모는 6조 4,566억 원으로 2021년 같은 기간의 1조 5,825억 원보다 4배 이상 늘어났는데요. 이처럼 ELB 상품의 인기가 아주 좋습니다.

은행에서도 원금 비보장형인 ELS 상품보다 원금 보장형인 ELB 상품이 더 잘 판매되고 있습니다. ELS 상품은 ELB 상품과 비교하여 이자를 3~4% 더 많이 주지만, ELS의 기초 자산인 코스피200, S&P500, HSCEI 등의 지수 하락으로 조기 상환이 이루어지지 않은 상황입니다. 보통 ELS 상품의 만기는 3년입니다. 만기 해지가 되면 3년 치의 많은 이자를 받을 수 있다는 장점이 있지만 조기 상환이 중요합니다. 일반적으로 ELS 상품은 6개월이나 1년 안에 조기 상환이 이루어졌기에 조기 상환이 안 되고 미뤄지면 고객은 불안할 수밖에 없습니다.

반면에 ELB 상품은 만기까지 기간이 3개월, 6개월, 12개월로 매우 짧습니다. 기간은 짧지만 이율은 6~7%로 정기 예금보다 많이 주니까 단기간 자금을 운용할 고객에게는 정기 예금보다 좋다고 볼 수 있습니다. 정기 예금은 기간이 짧아지면 이율도 떨어지니까요. 그럼 인기를 끌고 있는 ELB 상품의 손익 구조는 어떤지, 위험 요인은 무엇인지 알아보겠습니다. 인기 있는 금융 상품이라고 무턱대고 가입하는 것은 바람직하지 않습니다. 금융 상품의 특징과 장단점을 알고 투자하는 것이 현명한 방법입니다. 나중에 은행원이 투자 상품을 추천할 때도 '투자 상품은 무조건 안 된다'는 선입견 없이 올바른 판단하에 가입할 수 있습니다.

작은 투자도 확실하게
알면 알수록 안전하다

ELB는 원금 보장형의 상품으로 위험 등급은 4등급인 저위험 상품입니다. 4등급 상품은 투자 원금의 손실 위험은 최소화하고 이자 소득이나 배당 소득 수준의 안정적인 투자를 목표로 합니다. 위험 등급은 1등급 초고위험부터 5등급 초저위험까지 5단계로 분류됩니다. 만약 투자 성향 분석 진단 결과가 5등급으로 안정형 등급의 투자 성향이 나왔다면 ELB 상품 가입이 제한됩니다. ELB는 정기 예금처럼 만기 지급식이며 디지털 옵션형 구조입니다. 디지털 옵션형은 특정 지점 이상일 때의 수익률과 이하일 때의 수익률이 다른 상품이라는 뜻입니다.

그럼 이자가 달라지는지 궁금하실 텐데요. ELB의 손익 구조는 최초 기준 가격의 200% 이상일 때는 제시된 수익률에 0.01%를 더해 이자를 지급하고, 최초 기준 가격의 200% 미만일 때는 제시된 수익률을 지급합니다. 예를 들어 가입하는 ELB 상품의 이자가 7%라고 했을 때 코스피200 등 기초 자산의 지수가 200%를 넘으면 7.01%의 이자가 지급되고, 200% 미만이면 7%의 이자가 지급됩니다. 쉽고 단순하게 만기까지 보유하면 7%의 이자를 받는다고 생각하면 됩니다.

ELB 상품의 위험 요인은 첫 번째로 예금자 보호법에 따라 예금자 보호가 되지 않습니다. 두 번째로 발행 회사의 신용 위험이 있습니다. 발행 회사가 재무 상태의 악화로 지급 불능 상황에 처하면 투자자는 원금과 이자를 받지 못할 수 있습니다. 세 번째로 중도 해지 시 수수료가 발생합니다. 계약일로부터 6개월 미만일 때는 원금의 0.5%를 중도 해지 수수료로 납부해야 합니다.

금융 상품 비교

구분	정기 예금	ELB	ELS
위험 등급	-	4등급 저위험	1등급 초고위험
수수료	-	원금의 0.50% 이하	원금의 1.00%
예금자 보호	대상(최대 5,000만 원)	비대상	비대상
중도 해지	원금+중도 해지 이자	원금 손실 가능	원금 손실 가능
이율(쿠폰)	4~5%	6~7%	9~10%

처음 들어 보는 상품은 아무리 좋다고 해도 선뜻 가입하기가 꺼려집니다. 몇 년 전 안전한 상품으로 소개하며 판매했던 DLS 상품은 원금을 전액 손실을 보고 이자만 받았습니다.

때로는 은행원이 상환 조건을 정확하게 설명하지 않고 상품을 판매해서 돈이 급하게 필요할 때 찾지 못하는 경우가 있습니다. 또한 신문 기사나 일부 재테크 서적에서는 은행원들이 본부에서 지시하는 상품을 중점적으로 판매한다거나 고객의 수익은 생각하지 않고 수수료가 높은 상품만 판매한다고도 말합니다. 이런 일들로 은행원의 신뢰도가 떨어졌습니다.

그런데 실제로 대부분의 은행원은 고객을 먼저 생각해서 상품을 추진합니다. 그래야 나중에 문제가 생겨도 해결할 수 있기 때문입니다. 금융 상품을 추천하여 수익이 나면 문제없지만, 마이너스 수익률이 되거나 실제 손실이 발생하면 고객의 불만이 생겨납니다. 그래서 금융 소비자 보호법이 시행되었고, 소비자가 투자 상품에 가입할 때 충분히 이해할 수 있도록 은행이 설명할 의무가 강화되었습니다.

금리 사용 설명서

ELB는 정기 예금보다 이자를 많이 주며 원금 보장형으로 안전한 상품이 맞습니다. 다만 발행 회사 리스크가 있습니다. ELB에 가입할 때는 발행 회사와 발행 회사의 신용 등급도 확인하면 좋습니다. 발행 회사에 대한 자료는 금융감독원 전자공시시스템(dart.fss.or.kr)에서 자세하게 확인할 수 있습니다.

31

개인도, 기업도, 경제도
쓰러트리는 신용 경색

　우리나라 돌연사 1위 질환인 급성 심근 경색증, 들어 본 적 있으시
죠? 심장에 산소와 영양분을 공급해 주는 관상 동맥이 일부가 막히거
나 완전히 막혀 심장의 세포가 파괴되면서 사망에 이르는 무서운 병입
니다. 발병 후 1시간 이내에 사망하는 경우가 많고, 급성 심근 경색 환
자 중 3분의 1은 병원에 도착하기 전에 사망한다고 합니다. 또한 환자
의 5~10%는 치료 중 사망하기도 하는데요. 이렇게 무서운 질병에 빗대
어 만들어진 말이 '신용 경색'입니다.

　신용 경색이란 '금융 기관들이 위험(리스크)을 줄이기 위해 시장에
돈을 제대로 공급하지 않아서 기업들이 어려움을 겪는 현상'을 말합니
다. 기업 대다수는 자기 자본으로만 사업을 하는 것이 아니기 때문에

자금 조달이 어려워지면 경영에 어려움을 초래합니다. 1997년 외환 위기 때 부실 기업이 파산한 것은 당연했지만, 자금 조달에 어려움을 겪어 흑자 도산된 기업도 많았습니다.

레고랜드와 흥국생명 사태가 주는 교훈

1997년의 신용 경색이 2022년에 다시금 시작되었습니다. 시작은 레고랜드 부도 사태입니다. 레고랜드는 강원도 춘천에서 운영되고 있는 테마파크로, 이곳을 조성하기 위해서 들어간 자금이 5,270억 원입니다. 2014년에 착공을 시작했으나 청동기 시대의 유물이 발굴되어 공사가 지체되었죠. 공사가 지체되면 자연히 공사비가 늘어날 수밖에 없습니다.

늘어난 공사비를 충당하기 위해 강원도가 강원중도개발공사를 설립하여 2,050억 원 규모의 자산 유동화 기업 어음(ABCP)을 발행합니다. 이것은 강원도가 설립한 강원중도개발공사의 기업 어음으로 강원도가 지급 보증을 했기 때문에 안전한 채권으로 생각되었으나, 어음 만기가 도래되었을 때 강원도가 지급을 거절함으로써 부도 처리가 되었습니다.

이후 정부에서 적극적으로 대응하며 원만하게 마무리되었으나, 이제는 지자체에서 보증한 어음도 믿을 수 없는 상황이 되어 버렸습니다. 이로 인해 최상위 신용을 보장하는 채권도 유찰되는 사태가 반복되고, 채권에 대한 신용도가 떨어지면서 채권 발행이 어려워지고 있습니다.

- 레고랜드 사태 일련의 과정
  레고랜드 개발 자금 2,050억 원 조달 ▶ 만기 도래 → 상환 불가 ▶ 지방채 신용도 붕괴 ▶ 자본 시장 악화 사태 발생 ▶ 정부의 지원책 발표

여기에 엎친 데 덮친 격으로 흥국생명의 콜 옵션(특정한 기초 자산을 만기일에 살 수 있는 권리) 사태까지 발생했습니다. 2022년 11월 1일 흥국생명은 2022년 11월 9일로 예정된 5억 달러 규모의 외화 영구채를 조기 상환하지 않고 연장한다고 공시함으로써, 레고랜드 사태로 얼어붙은 채권 시장에 다시 한 번 충격을 주었습니다.

흥국생명에서 발행된 영구채는 30년 만기로 5년이 지나면 콜 옵션을 행사할 수 있습니다. 물론 반드시 콜 옵션을 행사할 필요는 없지만, 국내 금융사들은 대부분 5년이 되면 관례적으로 콜 옵션을 행사하여 채권을 상환했습니다. 그런데 갑자기 흥국생명에서 콜 옵션 행사를 하지 않겠다고 발표하니까 이는 회사 내부에 문제가 발생한 것이라고 생각할 수밖에 없었습니다. 이로 인해 흥국생명 영구채는 99.7달러에서 72.2달러 수준까지 떨어졌고, 국내에서 발행되는 외화 표시 채권의 신

뢰도가 급격하게 떨어졌습니다. 국내 외화 채권에 투자하는 해외 채권 투자자들은 관례적인 콜 옵션을 믿고 5년이 지나면 돈을 회수할 수 있다고 예상하며 투자했는데 이에 대한 기대가 무너져 버린 것입니다. 더 이상 믿을 수가 없게 되었죠. 상황이 안 좋아지자 흥국생명은 콜 옵션 행사 이틀 전인 7일에 보도 자료를 발표하고, 콜 옵션을 행사하여 조기 상환하였습니다. 하지만 이로 인해 채권 시장은 더욱 상황이 악화되었습니다.

- 흥국생명보험 콜 옵션 미행사 신종 자본 증권(출처: 한국 예탁 결제원)

  종류: 신종 자본 증권

  발행일: 2017년 11월 9일

  만기일: 2048년 2월 28일

  발행액: 5억 달러(5,571억 원)

  발행 금리: 4.475%

  콜 옵션 행사 시점: 2022년 11월 9일

  글로벌 신평사 보유 등급: (Moody's)Baa3 (Fitch) BBB-

2022년 11월 말 기준 한국 금융 투자 협회에 따르면 기업 어음(CP) 91일물 금리는 연 5.50%를 기록하며 2009년 이후 가장 높은 수준이 되었습니다. 금리가 오르니 기업이 자금 조달 비용 자체도 부담스러워졌습니다. 기업 어음이나 채권 발행을 추진한다고 해도 매입 주체가 없어 자금 조달 자체가 이루어지지 않는 상황입니다.

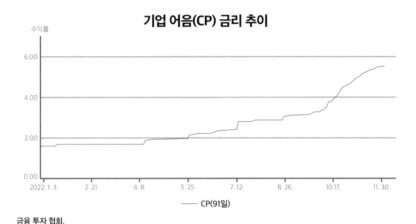

기업 어음(CP) 금리 추이

금융 투자 협회.

사람이 산소와 영양분이 적시에 공급되지 않으면 심장이 멎는 것처럼 금융 시장도 돈이 제대로 공급되지 않는다면 멈출 수밖에 없습니다. 기업에 돈이 공급되지 않으면 기업은 도산할 것이며 그 기업에 다니던 직원들이 일시에 실업자가 될 것입니다. 그럼 가계에 문제가 생기고 악순환이 지속되어 결국 금융 위기로 이어질 수 있습니다.

🔊 금리 사용 설명서

홍국생명 콜 옵션 미행사 발표 후 채권 가격이 요동칠 때 일부 자산가는 채권 가격이 더 떨어질 리스크가 있었지만 채권을 매입하여 일주일 만에 45% 이상의 수익을 가져갔다고 기사화되었습니다. 위기의 순간에 정확하게 판단할 안목을 기른다면 투자의 기회를 잡을 수 있습니다.

32

경제 침체
언제가 시작일까?

최근 미국 장단기 금리 차의 역전 폭이 40년 만에 최대 수준에 이르렀습니다. 장단기 금리 차는 무엇을 의미할까요? 장단기 금리 차는 보통 미국의 10년물 국채 수익률과 2년물 국채 수익률의 차이를 말하는 것으로, 앞으로 경제가 어떤 방향으로 흘러갈지 예측해 볼 수 있는 중요한 지표 중 하나입니다.

장단기 금리 차는 쉽게 장기 상품 금리와 단기 상품 금리의 차이라고 생각하면 됩니다. 우리가 보통 은행에 가서 정기 예금을 가입하면 만기가 1년인 정기 예금보다 3년인 정기 예금의 금리가 약간이라도 더 높습니다. 그래서 일반적인 경우 장단기 금리 차는 플러스(+)입니다. 장기 금리에서 단기 금리를 빼는 데 장기 금리가 높기 때문입니다. 그

런데 이 금리 차가 제로(0)이거나 마이너스(-)가 된다면 경기 침체의
신호로 볼 수 있습니다.

- 일반적 상황: 장기 금리(5%)-단기 금리(3%)=2% → 플러스
- 특별한 상황: 장기 금리(5%)-단기 금리(6%)=-1% → 마이너스

은행도 개인도
자산 운용은 길게 봐야 한다

앞서 설명했듯이 장기 상품 금리가 단기 상품 금리보다 높습니다. 장
기 상품일수록 상품 유지 기간에 발생할 수 있는 변동 위험이 크기 때
문입니다. 만약 내가 친구에게 100만 원을 빌려주는데 친구가 내일 갚
을 거라고 하면 크게 신경 쓰이지 않습니다. 그런데 친구가 1년 후에
갚겠다고 하면 빌려준 돈을 돌려받을 수 있을지 심히 걱정되겠죠.

이러한 이유로 금융 상품 가입자(고객) 입장에서는 장기 상품 금리
가 높아야 합니다. 위험 부담을 감수해야 하니까요. 반면 금융 상품 판
매자(은행) 입장에서는 1년 상품보다 3년 상품이 좋습니다. 어떤 금융
회사든 고객의 돈으로 투자할 때 투자 기간이 짧으면 수익을 내기가 어
렵기 때문입니다. 즉 기간이 긴 상품의 자금일수록 자산 운용에 도움
이 됩니다.

전세 보증금이나 계약금을 이용하여 주식 투자를 한다고 생각해 보

겠습니다. 2021년처럼 주식 시장이 좋으면 투자하고 싶어집니다. 왠지 잘될 것 같다는 느낌이 오거든요. 저도 집을 구매하기 위한 계약금을 이용하여 단기에 10% 수익을 목표로 주식에 투자한 적이 있습니다. 계약금 납입 기간까지는 1개월 정도가 남아 있었습니다. 정기 예금이나 MMF에 넣으면 작은 이자라도 안전하게 받을 수 있지만, 목돈으로 단기 투자에 성공하면 취득세를 납부하는 데 도움이 될 것 같았습니다.

그날은 주식 시장이 많이 빠진 파란 날이었습니다. 보증금의 3분의 1로 하락 폭이 크지만 안전한 회사의 주식을 매입했습니다. 그래도 전체 금액을 한 번에 투자하지 않고 분할 매수를 했습니다. 첫 매입일에 주식 시장이 큰 폭 하락해서 자연히 다음 날은 2% 정도의 상승했습니다. 투자금의 3분의 1만 투자했고 목표 수익은 10%였기 때문에 2%의 수익은 만족스럽지 못했습니다. 또한 시장이 좋아질 것이라 판단해서 기다려 보기로 했습니다. 한 달이면 10% 수익을 낼 수 있을 거라 혼자 상상하면서 기다렸죠.

그러나 약간 올랐다가 약간 떨어지는 것이 반복될 뿐 일주일이 지나도 큰 변동이 없었습니다. 그러다 매수한 지 2주가 지났을 때 갑자기 나쁜 소식으로 최초 매입 시점보다 주가 지수가 더 떨어졌습니다. 오기로 불타올라 그날 주식을 추가 매입했습니다. 그 이후로 또 한 번 떨어졌습니다. 저는 남은 금액 모두를 투자했습니다.

그렇게 한 달이라는 시간이 빠르게 지나갔습니다. 계약금을 내기 위해서 매도해야 했습니다. 결과는 마이너스 5%였고 원금의 일부를 까

먹었습니다. 결국 마이너스 통장에서 돈을 충당하여 계약금을 납부했습니다. 계약금을 납부하고 한 달 후 해당 주식을 다시 찾아보니 허망하게도 제가 원했던 10% 이상으로 올라가 있었습니다.

저의 사례를 보면서 공감하는 분이 있을 겁니다. 투자는 제한된 짧은 기간 안에 수익을 내기가 어렵습니다. 물론 단타를 잘하는 분도 있겠지만, 평범한 저는 안 되더라고요.

장단기 금리 차가 말하는
경기 호황과 불황

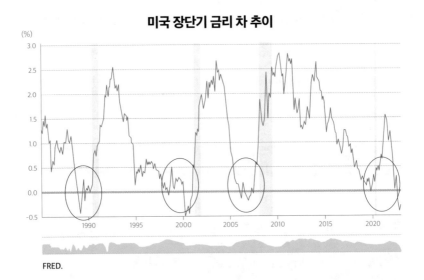

미국 장단기 금리 차 추이

FRED.

장단기 금리 차의 역전은 경기 침체의 전조로 해석합니다. 그래프는 지난 1985년 1월 1일부터 2022년 11월까지 미국의 장단기 금리 차를 나타낸 그래프입니다. 장기는 10년 만기 국채, 단기는 2년 만기 국채입니다. 1998년, 2000년, 2008년, 2020년은 금리 차가 0에 수렴하거나 마이너스였습니다. 1998년에는 한국을 포함한 동아시아 금융 위기로 인하여 전 세계에 불황이 찾아왔고, 2000년에는 닷컴(IT) 버블의 붕괴가 있었습니다. 2008년에는 서브 프라임 모기지 사태로 미국의 투자 은행 리먼 브라더스가 파산을 하며 금융 위기에 빠진 해였습니다. 2020년은 코로나19가 발생한 해이며, 2022년부터는 코로나19를 극복하기 위해 풀었던 돈을 회수함에 따라 경기 상황이 안 좋아지고 있는 상황입니다.

이렇듯 우리는 장단기 금리 차만 알아도 경제 상황을 쉽게 짐작할 수 있습니다. 장단기 금리의 차이가 없거나 장단기 금리 차가 역전된다면 경기 침체가 시작되고, 장단기 금리 차가 플러스로 돌아오면 다시 호황의 시기가 온다는 것을 말입니다. 경기는 순환합니다. 불황이 있으면 호황이 찾아오고, 호황이 지속되다가 불황의 시기가 도래하죠. 우리는 장단기 금리 차를 투자의 지표로 활용하면 됩니다.

금리 사용 설명서

통상 단기채는 2년 이하의 국채를 말합니다. 장기채는 10~30년 국채를 말합니다. 장단기 금리 차가 크면 성장에 대한 기대가 높아 경제 호

황으로 보면 되고, 장단기 금리 차가 작거나 역전되면 경기 침체의 신
호로 보면 됩니다.

33

원 달러 환율이
올라갈 때와 내려갈 때

환율이란 '우리나라 돈과 외국 돈과의 교환 비율'입니다. 한국 돈 1,000원으로 달러를 얼마큼 살 수 있는지를 확인할 수 있는 비율이죠. 이러한 환율과 금리는 조금 애매한 관계입니다. 물가가 오르면 당연히 금리를 올립니다. 물가를 잡기 위한 방법 중 하나가 금리 인상이기 때문입니다. 금리가 오르면 환율은 올라갈까요? 떨어질까요? 정답은 올라갈 때도 있고 내려갈 때도 있습니다. 이유는 환율의 변동에 미치는 영향이 다양하기 때문입니다. 그럼 환율과 금리가 서로 어떻게 영향을 주는지 알아보겠습니다.

금리가 오르면 환율이 올라갈 수도 있고 떨어질 수도 있습니다. 우선 여기서 말하는 금리가 어느 나라 금리인지가 중요합니다. 미국 금리를 말하는지, 한국 금리를 말하는지를 확인해야 합니다.

먼저 미국의 금리로 생각해 볼까요? 미국이 금리를 인상하면 환율이 상승합니다. 미국 금리가 높으면 대한민국에 투자했던 외국인이 대한민국을 떠나 미국으로 돈을 옮겨 가고 싶어 합니다. 우리가 이자를 1%라도 더 주는 정기 예금을 찾아다니는 것처럼 외국인 투자자들도 이자를 많이 주는 미국에 투자하려고 하겠죠. 미국에 투자하려면 한국에 투자했던 자금을 회수하여 달러로 바꿔야 합니다. 달러를 원하는 사람이 많아지므로 달러값이 올라갑니다. 결론은 미국 금리가 올라가면 환율은 올라갑니다.

이번에는 한국의 기준 금리를 인상해 보겠습니다. 미국 금리는 가만히 있는 상태로, 한국이 기준 금리를 올려서 한국 금리가 미국보다 비싸지면 외국인 투자자들은 한국에 투자하길 원합니다. 한국에 투자하려면 달러를 원화로 바꿔야 합니다. 원화에 대한 수요가 많아지며 한국 돈의 값이 올라갑니다. 결론은 한국 금리만 올라가면 환율은 내려갑니다.

그래프를 보면 미국 금리가 올라가니 환율도 따라 올라가는 것을 확인할 수 있습니다. 그런데 그래프를 더 자세히 들여다보면 기준 금리를 올리지 않아도 환율이 상승합니다. 미국 금리가 한국 금리보다 높아도 환율이 낮은 시기가 있습니다. 앞서 제가 말씀드린 내용과 다르네요. 맞습니다. 단순하게 금리만으로 환율이 올라가거나 내려가는 것은 아닙니다.

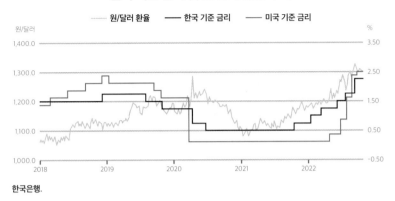

한미 기준 금리 및 원 달러 환율 추이

─── 원/달러 환율   ─── 한국 기준 금리   ─── 미국 기준 금리

원/달러

1,400.0	3.50
1,300.0	2.50
1,200.0	1.50
1,100.0	0.50
1,000.0	-0.50

2018   2019   2020   2021   2022

한국은행.

환율을 움직이는
여러 가지 변수

환율이 결정되는 요인은 기준 금리도 있지만, 통화량, 경제 성장률, 정부 지출 규모, 정부 부채, 국가 부채 등 다양합니다. 수출입 무역에 따른 경상 수지 흑자, 국제 유가 및 원자재 가격 상승, 외환 보유고, 국가 신용 등급 등 다양한 요인의 영향을 받으며 환율이 결정됩니다. 그리고 가장 중요한 요인은 달러가 기축 통화라는 것입니다. 기축 통화란 '국제 간의 결제나 금융 거래의 기본이 되는 통화'를 말하는데요. 달러는 전 세계 어느 나라에서든 사용이 가능합니다. 즉 경기 침체나 경제 위기가 오면 기축 통화인 달러의 수요가 급증하며 달러값이 올라갈 수밖에 없습니다.

이런 이유로 환율을 정확하게 예측하는 것은 어렵지만, 한편으로는 쉽게 예상할 수도 있습니다. 우리 집 경제가 조금 어려워지고 우리나라가 어수선한 느낌이 들면 환율이 오르겠다고 생각하면 됩니다. 미국에서 금리를 올리면 한국은 미국을 따라서 금리를 올릴 수밖에 없습니다. 금리가 오른다는 것은 물건값도 오른다는 뜻이고, 나의 대출 금리도 오른다는 뜻입니다. 물가가 오르니 소비가 위축되고, 대출 이자를 많이 내게 되니 생활이 어려워집니다.

금리와 환율의 관계를 이용하는 방법

지금까지 환율과 금리의 관계에 대해 알아보았습니다. 이제 이 관계를 이용하여 어떻게 돈을 벌 수 있는지 알려드리겠습니다. 우선 환율 투자의 전제 조건은 두 가지입니다.

첫째, 달러를 최대한 싸게 산다.

둘째, 목표한 달러 가격이 오면 무조건 판다.

그럼 달러를 얼마에 사야 싸게 산 건지, 얼마에 팔아야 하는지 궁금하실 겁니다. 〈2022년 현대경제연구원 연구보고서〉에 따르면 우리나라의 적정 환율은 달러당 1,130~1,170원입니다. 달러 투자로 큰돈을 벌었다는 투자자 박성현 씨는 1990년대의 700원과 1997년 IMF 시절의 1,700원 중간인 1,200원을 달러 투자의 기준으로 삼았다고 합니다. 2012년 12월부터 2022년 11월까지 지난 10년 동안의 평균 환율은

환율 매매율표

단위: KRW(원)

통화 표시	통화명	송금		현찰		매매 기준율	대미 환산율
		보낼 때	받을 때	살 때	팔 때		
USD	미국 달러	1,155.07	1,132.98	1,164.04	1,124.01	1,144.02	1.0000

2012년 12월 1일~2022년 11월 30일.

1,144.02원입니다.

이를 토대로 저 또한 달러를 사는 가격은 매매 기준율 기준 1,200원 이하가 적정하다고 생각합니다. 앞으로 환율 가격이 1,200원 밑으로 내려가면 환전하여 달러를 보유하고, 1,500원을 매도 가격으로 설정하여 그 가격이 되면 팔아서 환차익을 보면 됩니다. 달러 투자의 가격은 내가 결정하는 것입니다.

2022년에 최고점은 10월 24일 1,444.96원이었습니다. 이후 환율은 1,300원 대로 떨어졌습니다. 1,400원 대를 목표로 했던 고객은 달러를 팔아 수익을 냈고, 1,500원대까지 올라간다는 유튜브 영상을 보고 1,400원 대에 달러를 매수한 고객은 현재 손해를 보고 있습니다. 앞으로 1,500원, 1,600원까지 올라갈 수도 있습니다. 그런데 그 시점이 언제 올지는 아무도 모릅니다. 따라서 달러 투자로 수익을 내려면 매도 목표를 너무 크게 잡지 않는 걸 추천합니다. 지난 10년 평균 환율이 1,144.02원이니 이를 기준으로 환율이 비쌀 때는 투자하지 않는 게 좋습니다.

달러 투자의 핵심은 달러를 싸게 사는 것입니다. 목표한 환율이 되면 은행 앱에서 환전을 신청하세요. 앱을 통해 환전해야 90% 환율 우대를 받을 수 있습니다. 이는 매매 기준율보다 약간 높은 환율로 달러를 구매하는 것입니다. 보통 1일 환전 가능 금액은 2,000달러입니다. 하루 2,000달러밖에 환전을 못한다고 아쉬워하기보다 2,000달러씩 분할 매수한다고 생각하면 좋습니다. 환율은 변동 폭이 크기 때문에 내가 생각한 저점보다 더 많이 떨어질 수 있다는 가능성을 열어 두어야 합니다.

34

달러를 사야 할 때와
팔아야 할 때

    은행에서 근무하며 다양한 고객님을 만났습니다. 고객 한 분이 저에게 앞으로 달러값이 더 오를 것 같은지 아니면 떨어질 것 같은지 물어보셨습니다. 저는 이런 질문을 받으면 저의 개인적인 의견을 물어보는 것인지 꼭 묻고 답변을 드리는데요. 질문하는 고객님도 당연히 저의 개인적인 의견이라는 건 알지만, 그래도 은행원에게 한 번 더 확인하고 결정하고 싶어서 물어보는 거겠죠. 그래서 저는 최근 기사를 이용하여 최대한 중립적인 의견만 제시합니다. 이유는 저의 의견이 그렇게 중요하지 않기 때문이죠. 제가 떨어진다고 말려도 달러에 투자하고 싶은 고객은 결국 사니까요.

더 가치 있는 돈을
저울질하라

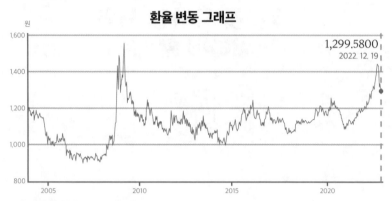

환율 변동 그래프

1,299.5800
2022. 12. 19

GOOGLE금융(2004년~2022년 11월 4일).

환율 변동 그래프를 보겠습니다. 과거에 최고로 환율이 높았던 시기는 2009년 2월 27일로 1530.3원이었습니다. 2022년 말에는 1,300원에서 작게 변동하고 있지만, 앞으로도 환율이 더 올라갈 수도 있고 내려갈 수도 있을 겁니다.

그러므로 금리가 계속 오르니 환율이 앞으로 오를 것이라고 전망하는 것은 맞을 수도 있고 틀릴 수도 있습니다. 앞서 설명한 대로 환율은 단순히 금리만으로 변동되지 않습니다. 하지만 일반적인 경우에는 한국의 기준 금리가 상승하면 환율이 떨어집니다. 한국의 금리가 올라가면 외국에서 한국에 투자하겠죠. 미국의 정기 예금 금리가 3%인데 한국의 정기 예금 금리가 5%라면 외국인들이 한국 정기 예금에 가입한다고 보면 됩니다. 한국의 정기 예금에 가입하려면 한국 돈(원화)이 필요하니까 달러를 원화로 환전합니다. 그럼 한국에 달러가 많이 들어오기 때문에 달러 가치가 하락하고 원화 가치가 상승하여 결론적으로 환율이 떨어지게 되죠.

미국의 기준 금리가 올랐습니다. 외국인 투자자들은 한국과 비교해 금리 차이가 없다면 미국 정기 예금에 가입하면 되니까 굳이 환전까지 하면서 한국에 투자할 필요는 없을 겁니다. 그러니 현재 우리나라에서 금리를 올린다고 해서 환율이 떨어지지는 않는 상황입니다. 무엇보다도 미국의 중앙은행인 연준에서 안전 자산인 달러를 보유하기 위해 금리를 계속 인상하고 있습니다. 급격한 물가 상승으로 경기가 안 좋아질 것을 예상하기 때문입니다. 또한 대외 의존도가 높은 우리나라는 원자재 가격 급등으로 최근 무역 수지 적자를 기록했습니다. 외국에서 받는 돈보다 외국에 주는 돈이 더 많아진 것입니다. 국내에 달러가 더 줄어들고 있으니 당연히 환율이 올라갑니다.

이렇게 금리와 환율은 여러 변수를 종합적으로 판단해야 합니다. '단순히 금리가 오르면 환율이 내려가고 금리가 내려가면 환율이 올라간다'고 판단할 수는 없습니다. 다만 한 가지 확실한 것은 경기 침체나 금융 위기가 오면 환율이 오른다는 것입니다. 안전 자산에 대한 수요 때문이죠.

자, 그럼 달러값이 1,300원인 지금 달러를 구매하는 게 좋을까요? 저는 지금은 사지 않는 것이 좋다고 생각합니다. 과거 우리나라가 외환 위기를 겪은 1998년에 달러값이 1,960원까지 올라갔습니다. 그럼 앞으로 1,960원까지 올라갈 수도 있는 것이 아닌지 생각하는 분이 있을지 모르겠지만, 외환 위기를 겪었던 시기와 지금은 많이 다릅니다.

1인당 국내 총생산과 총소득

명목, 달러

구분	1997년	2007년	2017년	2021년
1인당 국내 총생산	12,400.8	24,087.9	31,605.2	34,983.7
1인당 국민 총소득	12,334.2	24,026.8	31,734.1	35,373.1

통계청.

단순히 GDP(국내 총생산)만 보더라도 1990년대는 1만 불이었고, 2021년에는 3만 불입니다. 따라서 2008년 글로벌 금융 위기 시기만큼 환율이 올랐기 때문에 달러가 앞으로 오르더라도 큰 수익을 낼 만큼 오르지는 않을 것입니다. 미국도 금리를 계속 인상하지는 않을 것이기 때문에 환율은 점차 내려갈 것입니다.

따라서 지금 시기는 달러를 사기보다 보유한 달러를 파는 게 좋습니다. 영업점에 근무하면서 고객들의 동향을 보면 한국 돈을 가지고 와서 달러를 사는 사람보다 달러를 가지고 와서 한국 돈으로 환전하는 사람이 훨씬 많습니다. 여행 갔다가 남은 달러를 이번에 환전하는 분, 해외 동포가 한국으로 거주지를 옮기는 경우도 많아지고 있다는 것을 체감합니다.

달러값이 올랐을 때는 달러를 원화로 바꾸는 것이 좋습니다. 달러는 환율이 낮을 때 사서 환율이 높을 때 파는 게 가장 좋습니다. 달러는 안전 자산이기 때문에 앞으로 글로벌 경기 침체로 이어진다면 좀 더 올라갈 수 있지만 이미 많이 오른 상태라 큰 수익을 내기가 어렵습니다. 저렴한 엔화에 투자하는 것도 대안입니다.

35
가장 저렴하게
환전하는 방법

여행은 언제나 즐겁습니다. 국내 여행도 좋지만 해외로 떠나기 위해 공항에 도착하면 기분이 색다르죠. 이때 꼭 해야 하는 것이 바로 환전입니다. 안전하고 싸게 돈을 바꾸는 방법을 알아보겠습니다.

환전의 기본은 은행입니다. 예전에는 은행의 우수 고객 등급에 따라서 환율 우대가 달라지곤 했습니다만, 비대면 거래가 활성화된 이후로는 우수 고객의 환율 우대가 중요하지 않게 되었습니다. 은행 창구에서 직접 환전하는 것보다 인터넷 뱅킹이나 은행 앱을 이용하여 환전 신청을 하고 나중에 지점에 방문하여 수령하는 것이 가장 저렴하게 환전하는 방법이죠.

제가 근무하는 농협은행에서는 '올원뱅크'라는 농협은행 앱을 이용하여 환전하면 주요 통화의 환율을 90% 우대받을 수 있습니다. 농협과 전혀 거래하지 않는 고객도 올원뱅크 메뉴의 '너도나도 환전' 서비스를 이용하면 80%의 우대를 받을 수 있으며, 다른 은행 역시 해당 은행 앱에서 환전 신청을 하면 80~90% 환율 우대를 받을 수 있습니다. 그래서 은행을 통해 환전을 하는 것이 다른 방법보다 큰 손해를 보는 것이 아님을 먼저 알려드립니다.

중고 마켓에서 환전하면 수수료가 들지 않는다?

물건을 살 때 가까운 집 앞 편의점보다 거리가 좀 더 먼 대형 마트를 가는 이유는 마트에서 파는 상품이 좀 더 저렴하기 때문입니다. 마트보다 더 싸게 사고 싶다면 상품을 생산하는 공장에 방문하면 됩니다. 생산자와 직접 거래하면 가장 싸게 상품을 구매할 수 있습니다. 이보다 더 싸게 구입하는 방법은 중고 제품을 사는 것입니다. 똑같은 제품이지만 사용한 적이 있으면 가격은 더 떨어집니다.

요즘에는 중고 마켓에서 다양한 상품을 살 수 있습니다. 심지어 달러도 살 수 있습니다. 일대일 직거래로 진행되니 환전 수수료가 붙지도 않고, 사용한 흔적이 있는 100달러도 똑같은 100달러입니다. 가치가 떨어지지 않죠. 그래서 집 근처에서 거래자와 만나서 환전한다면 은행에서 90% 환율 우대를 받는 것보다 돈을 더 싸게 많이 바꿀 수 있습니다. 아주 매력적인 환전 방법인데요. 그런데 과연 이 방법이 좋을까요?

은행에서 외환 업무도 자주 담당했지만, 위조 외화를 받아 본 적은 없습니다. 위조 화폐가 은행에 들어오면 은행원은 이를 바로 경찰에 신고해야 합니다. 형법 제207조에 따르면 행사할 목적으로 통용하는 대한민국의 화폐를 위조 또는 변조한 자는 무기 또는 2년 이상의 징역에 처하며, 외국 화폐는 1년 이상의 유기 징역에 처합니다. 은행에 비치된 지폐 계수기는 위조지폐를 감별하기 때문에 누군가가 은행에서 위조 화폐를 사용하려는 시도는 한 적이 없습니다.

그런데 중고 마켓이라면 이야기가 달라집니다. 중고 마켓은 판매자든 구매자든 개인 정보가 보호됩니다. 그렇기 때문에 직접 거래를 한다면 외화를 판매한 사람에 대해 알 수가 없을뿐더러 위조 화폐를 전달해도 일반인이 이것을 구별하기가 매우 어렵습니다.

예를 들어 중고 마켓에서 100달러 10장을 환전하면 은행에서 바꾸는 것보다 5만 원 더 저렴하게 바꿀 수도 있습니다. 그런데 만약 100달러 10장 안에서 1장이 위폐라면 어떻게 될까요? 일단 손해를 보는 것은 당연하겠고, 만약 이 화폐를 들고 해외에서 사용한다면 해당 국가법에 따라 처벌받을 수도 있습니다. 한국이라면 위폐는 회수되고 경찰서에서 진술하면 처벌을 받지 않을 수도 있지만, 외국에서는 어떻게 될지 알수가 없습니다. 더군다나 즐거운 여행에서 이런 일이 발생하기라도 한다면 매우 화나고 슬플 것입니다. 싸게 환전하여 돈을 절약하는 것도 중요합니다. 하지만 환전한 화폐가 믿을 수 있는 화폐인지, 사용해도 아무 문제가 없는 화폐인지가 더욱 중요합니다.

🔖 금리 사용 설명서 ────────────────

최대 우대율로 환전할 수 있는 은행 앱들을 소개합니다. 해당 은행의 계좌를 보유했다면 쉽게 회원 가입이 가능합니다. 만약 회원 가입이 되지 않는다면 이용하는 은행의 인터넷·스마트 뱅킹이 신청되지 않아서입니다. 이런 경우는 은행에 방문하여 전자 금융 서비스에 가입해야 합니다.

은행별 환전 정보

은행	APP 이름	환율 우대 (은행 계좌 보유 기준)	환전 한도 1일 USD 기준
농협은행	올원뱅크	USD, EUR, JPY: 90% 기타 통화: 40%	$100~$2,000
신한은행	신한 SOL	USD, EUR, JPY: 90% 기타 통화: 30~50%	$100~$2,000
국민은행	KB스타뱅킹	USD: 90% JPY, EUR: 80% 기타 통화: 20~50%	$100~$2,000
하나은행	하나원큐	USD: 90% JPY, EUR: 80% 기타 통화: 30%	$100~$2,000
우리은행	위비뱅크	USD, JPY, EUR: 90% 기타 통화: 55%	원화 환산 100만 원
기업은행	원뱅킹	USD, JPY, EUR: 90% 기타 통화: 40%	$3,000

각 은행 앱(2022년 12월 기준).

환전은 은행 앱을 이용하는 것이 가장 저렴합니다. 주거래 은행이 아니더라도 달러는 환율을 80% 우대받을 수 있으니 여행 전에 미리 환전 신청 후 돈을 수령하세요.

환전은 신청 후 일정 기간 찾아가지 않으면 원화로 자동 환매되어 최초 출금된 계좌로 입금됩니다. 보통 2주의 시간이 주어지는데요. 환전 수령은 통장 가입 개설점이 아닌 은행 영업점 어디에서나 수령할 수 있으니 재환전되지 않도록 기간 내에 찾아가는 것이 좋습니다. 만약 언제 찾아갈지 정할 수 없다면 환전 신청 시 은행마다 제공하는 외화 지갑에 넣어 놓으면 됩니다. 외화 지갑에 입금한 외화는 기간이 지나도 환매되지 않고 필요할 때 꺼내서 찾을 수 있습니다.

36

왜 금리가 상승하면
주가가 떨어질까?

금리가 상승하면 주가가 하락합니다. 물론 모든 상황에서 그런 것은 아닙니다. 경제가 고성장할 때는 금리가 상승하더라도 주가가 계속 올라갈 수 있습니다. 하지만 경제가 안 좋을 때 금리가 상승하면 주가는 큰 폭으로 하락합니다. 대체 왜 그런 걸까요?

금리가 상승한 2022년을 돌아보겠습니다. 금리를 올리는 이유는 물가가 물가 목표 상승률보다 크게 상승했기 때문입니다. 물가 안정을 위해 금리를 올립니다. 금리가 올라가면 금융 시장에 풀려 있던 돈이 은행으로 이동하면서 주식 시장에 있던 돈도 은행으로 옮겨 갑니다. 미국에서 금리를 올리면 우리나라에서도 금리를 올릴 수밖에 없는 것은 한국 금융 시장에 외국 자본이 많이 들어와 있기 때문입니다. 미국의 금리가 낮을 때는 외국 자본이 한국에 투자되었지만, 미국의 금리가 높아지면 한국에 투자할 가치가 떨어집니다. 환율에 따른 손해를 볼 수도 있기 때문에 미국에 투자하겠죠. 글로벌 경기가 안 좋아지면 신흥국에 투자된 자금은 선진국으로 옮겨 갑니다. 결론적으로 이러한 자금 이동을 막기 위해서 우리나라도 금리를 올릴 수밖에 없는 것이 현실이죠.

그래서 금리가 오르면 주식 시장은 크게 두 가지 이유로 하락합니다.

첫째, 주식 투자보다 은행 예금이나 채권 투자가 안정적인 수익을 낼 수 있기 때문에 투자자들이 자금을 옮기면서 주식 시장이 하락합니다.

둘째, 선진국의 금리가 높아지면 신흥국보다 안전한 선진국에 투자하기 위해 신흥국에 투자된 자금이 빠지기 때문에 주식 시장이 하락합니다.

나의 투자금에 레버리지 비율이 얼마인가?

주식 거래를 할 때 내 돈으로만 투자하면 내가 산 종목이 떨어지더라도 계속 기다릴 수 있습니다. 언젠간 오를 거라는 생각으로 기다리면 손해는 아니고, 나중에 오르면 그때 팔면 되니까요. 그런데 증권사에서 돈을 빌려서 주식 투자를 하는 경우에는 상황이 달라집니다. 신용 융자 서비스란 '주가 상승이 예상되는 종목을 살 때 필요한 투자 자금을 증권 회사에서 대출하는 것'을 말합니다. 즉 대출을 받아서 주식을 매수하는 겁니다. 이 경우 내가 산 주식이 오를 때는 아무 문제가 없습니다. 일단 이자만 내면 되니까요. 또한 내 돈으로 투자한 것보다 훨씬 많은 수익을 낼 수 있습니다. 레버리지를 이용해 투자 수익을 일으키죠. 하지만 내가 산 주식이 떨어질 때는 어떻게 될까요? 보유한 현금보다 많은 주식을 매수했는데, 주식이 떨어지면 내가 산만큼 현금을 추가로 입금해야 합니다. 만약 입금하지 못한다면 반대 매매(임의 상환)라 하여 자동으로 주식 거래가 이루어지면서 해당 종목이 더 떨어지게 되죠.

2022년 12월 15일 기준 신용 거래 융자 잔액이 약 17조 1,902억 원입니다. 7개월 전에는 약 20조 원이었습니다. 20조 원에서 17조 원으로 3조 원가량 융자 잔액이 감소했지만, 17조 원의 신용 융자 잔액도 결코 작은 액수가 아닙니다. 금리가 오르면 증권사의 신용 융자 금리도 올라가는데요. 2022년 12월 기준 약 9%대 금리를 요구하고 있습니다. 신용 융자 금리가 앞으로도 계속 오르고 주식 시장이 갑자기 좋아지기는 어려운 상황에서 반대 매매가 계속 일어난다면 주식 시장은 더 안좋은 상태로 이어질 수 있습니다.

금리가 오른다고 주식 시장이 꼭 하락하는 것은 아닙니다. 다만 경제가 좋지 않은 상황으로 전개된다면, 즉 불황이 온다면 금리가 오를 경우에 주식 시장이 하락하는 경우가 많습니다.

금융 회사 기간별 금리

회사명	적용 일자 (2022년)	기간별 금리					
		1 ~7일	8 ~15일	16 ~30일	31 ~60일	61 ~90일	91 ~120일
상상인증권	12. 1.	3.9	4.4	4.8	5.3	5.7	6.2
현대차증권	12. 1.	3.9	5.9	6.9	8.9	8.9	9.3
이베스트투자증권	12. 1.	4.0	7.5	8.8	8.9	9.4	9.4
한국투자증권	7. 29.	4.0	7.4	7.9	8.4	9.0	9.0
카카오페이증권	8. 17.	4.5	7.5	7.5	8.0	8.0	8.5
KB증권	11. 1.	4.9	7.9	8.6	9.1	9.5	9.8
NH투자증권	11. 30.	4.9	7.4	8.0	8.0	9.5	9.5
미래에셋증권	11. 28.	4.9	7.8	8.3	8.8	9.4	9.8
신한투자증권	12. 5.	4.9	7.8	8.4	9.0	9.5	9.8
한화투자증권	3. 2.	4.9	6.8	7.4	7.9	8.4	8.9
삼성증권	11. 21.	5.1	8.1	8.7	9.1	9.6	10.1
IBK투자증권	2. 21.	5.4	6.0	7.0	7.5	8.0	8.5
교보증권	11. 1.	5.4	6.5	7.5	8.5	9.2	9.4
DB금융투자	11. 28.	5.8	6.8	7.8	8.6	9.7	9.9
대신증권	11. 1.	5.8	7.8	8.3	8.8	9.3	9.8
SK증권	11. 21.	6.2	7.4	8.0	8.7	9.1	9.5
다올투자증권	12. 19.	6.5	7.5	8.0	8.5	8.8	9.4
케이프투자증권	8. 1.	6.5	6.5	6.5	8.0	8.0	8.0
유안타증권	12. 1.	6.8	9.0	9.3	9.8	9.8	9.9
메리츠증권	12. 1.	6.9	7.7	8.2	9.1	9.2	9.7
하이투자증권	12. 1.	7.1	8.5	8.5	9.0	9.3	9.6
유진투자증권	12. 16.	7.5	7.5	8.0	8.7	9.4	9.7
키움증권	11. 25.	7.5	8.5	9.0	9.0	9.0	9.5

37
금리 상승기에
주식 투자하는 방법 두 가지

앞서 금리가 상승할 경우 주식 시장이 하락한다고 알려드렸습니다. 그럼 주식 시장이 좋지 않으니 투자를 해야 하는지 하지 말아야 하는지 고민이 되실 겁니다. 주식 투자로 수익을 내는 가장 단순한 방법은 쌀 때 사서 비쌀 때 파는 것입니다. 그럼 지금 주식 시장이 안 좋으니까 주식 가격이 싸다고 볼 수 있으니 사도 되지 않을까요?

코스피 지수 그래프로 2010년 10월부터 2022년까지의 변화를 보겠습니다. 코로나19로 인해 2020년 3월 20일 종가 기준 1,566.15포인트로 가장 큰 폭의 하락을 겪고 주식 시장이 상승했습니다. 2021년 6월 25일에 종가 기준 3,302.84포인트의 최고점을 찍고 내려옵니다.

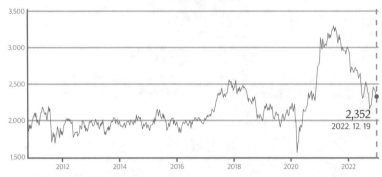

코스피 지수 기간

2,352
2022. 12. 19

GOOGLE금융(2010년~2022년 12월 19일).

전체적으로 2021년 6월까지는 증시가 우상향하고 6월부터는 내려갑니다. 내려갈 때도 중간중간 올라갔다가 떨어졌다가를 반복하고 10월과 11월 사이에 다시 약간의 올라간 것을 볼 수 있는데요. 앞으로 주가지수가 반등할지 하락할지를 정확히 예측할 수는 없겠지만, 물가가 잡히지 않으면 금리를 계속 올릴 것이고 금리가 더 올라간다면 주식 시장에는 좋지 않으니 당분간은 이 상태를 유지하거나 떨어질 것으로 생각합니다. 그럼 어떻게 주식 시장에 투자하는 게 좋을까요?

주가가 하락할 때
수익이 나는 투자도 있다

당분간 주가가 더 떨어질 것이라고 예상한다면, 주가가 하락하면 수익이 나는 상품에 투자하면 됩니다. 바로 인버스(리버스) 상품입니다.

'인버스'보다 '곱버스'라는 말을 더 많이 들어 보셨을 것 같은데요. 코로나19로 주식 시장이 하락했을 때 곱버스에 투자해서 수익률을 올렸다는 기사가 한동안 계속 나왔습니다. 곱버스는 '곱하기+인버스'를 줄인말로 인버스의 가격 변동 폭이 2배로 움직이는 것을 말합니다. 쉽게 2배의 수익이 나거나 2배의 손실이 나는 상품이라고 보면 됩니다. 직접 매매를 원하면 증권사 앱에서 ETF를 매수하면 되고, 직접 매매하지 않고 그날 종가에 매입하길 원하면 인버스 펀드에 가입하면 됩니다.

중요한 점은 인버스 ETF나 인버스 펀드 모두 단기로 투자해야 한다는 것입니다. 금리가 계속 올라가는 시점까지만 투자하는 것을 목표로 하는 게 좋습니다. 금리의 변동이 없거나 금리가 하락하면 주식 시장이 다시 상승세로 돌아갈 수 있기 때문이죠. 주식 시장이 상승세로 바뀌면 인버스 상품은 수익 대신 손실을 줍니다.

단기가 아닌 장기적인 관점에서 투자한다면 천천히 조금씩 주식 매입을 시작하면 됩니다. 2021년 대비 대부분의 종목이 하락했기 때문에 어떤 종목에 투자하더라도 시간이 지나면 상승할 여지가 많습니다. 다만 상승 폭이 크냐 작냐에 따라 수익률이 달라집니다.

앞으로 주식 시장이 상승할 것으로 예상하는데 어떤 종목에 투자해야 할지는 모르겠다면, 인덱스 펀드와 ETF에 투자하면 됩니다. 인덱스 펀드는 주가 지수를 따라가는 펀드를 말합니다. 코스피 지수나 미국 S&P 500지수를 떠올려 보세요. 이러한 지수에 투자하는 펀드가 인덱스 펀드이며 인덱스 펀드를 주식처럼 거래할 수 있게 한 것이 ETF입니다.

어떤 종목이 오를지 판단하는 것은 쉬운 일이 아닙니다. 하지만 앞으로 주식 시장이 좋아질지 나빠질지 판단하는 것은 종목을 선택하는 것보다는 쉽습니다. 주식 투자를 하고 싶은데 종목 선정이 어렵다면 ETF에 투자하세요. 앞으로 오를 것 같다고 판단되면 ETF를, 떨어질 것이라고 판단되면 인버스 ETF에 투자하면 됩니다.

ETF 상품과 인덱스 펀드 상품

ETF
KODEX 레버리지
KODEX 코스닥150레버리지
TIGER 차이나전기차SOLACTIVE
KODEX 코스닥150
KODEX 미국나스닥100레버리지
TIGER 미국S&P500

펀드
NH-Amundi프리미어인덱스투자신탁1호(주식-파생형)
NH-Amundi코리아2배레버리지증권투자신탁[주식-파생형]
IBK KOSPI200인덱스증권자투자신탁1호[주식]
유리필라델피아반도체인덱스증권자투자신탁[주식]
KB스타베트남VN30인덱스증권자투자신탁[주식-파생형]
우리KOSPI200인덱스증권자투자신탁1호[주식]

인버스 ETF 상품과 인버스 펀드 상품

ETF
KODEX 200선물인버스2X
KODEX 코스닥150선물인버스
KODEX 인버스
TIGER 200선물인버스2X
KODEX 미국달러선물인번스2X
KODEX WTI원유선물인버스

펀드
NH-Amundi코스닥인버스증권투자신탁(주식-파생형) ClassAe
KB코리아인버스2배레버리지증권투자신탁(주식-파생재간접형) ClassC
NH-Amundi코리아2배인버스레버리지(주식-파생재간접형)ClassC-e
KB스타코리아리버스인덱스증권투자신탁
삼성KOSPI200인버스인덱스증권투자신탁
한국투자 엄브렐러리버스인덱스증권전환형투자신탁1호(주식-파생형)

38
금리와 집값이
나를 울리는 이유

　금리와 집값은 어떤 관계일까요? 수요와 공급의 원리를 떠올려 보겠습니다. 물건을 사려는 사람이 많으면 가격이 올라가고, 사려는 사람이 없으면 가격이 내려갑니다. 부동산도 마찬가지겠죠? 집을 사려는 사람이 많으면 집값이 올라가고, 집을 사려는 사람이 없으면 집값은 떨어집니다.

　이번에는 부동산과 대출에 대해 생각해 볼까요? 금리가 낮으면 대출이자가 저렴합니다. 그럼 대출을 받아서 집을 매매하기가 좋겠죠. 즉 집을 구매하려는 사람이 많아지면서 부동산 가격은 자연스럽게 올라갑니다. 이럴 때 중앙은행은 그동안 금리가 너무 낮아서 물가가 많이 올랐으므로 물가 안정을 위해 금리를 올리기 시작합니다. 그럼 다시 대출 금리가 올라가고 대출 이율 또한 비싸집니다. 대출을 받아 집을 사기에는 이자가 부담되겠죠. 그럼 집을 구매하려는 사람이 점점 줄어듭니다. 결국 팔려는 사람은 많은데 구매하려는 사람은 없으니 부동산 가격이 떨어집니다.

결론은 금리가 상승하면 집값이 내려가고, 금리가 하락하면 집값이 올라갑니다. 그런데 과연 이게 정말 맞는 말일까요?

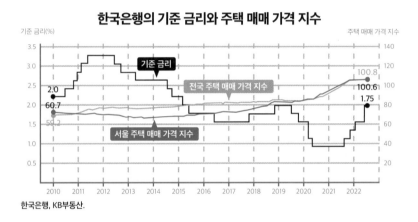

한국은행의 기준 금리와 주택 매매 가격 지수

한국은행, KB부동산.

그래프는 한국은행의 기준 금리와 주택 매매 가격 지수를 나타냅니다. 2010년을 기준으로 2012년까지 기준 금리가 올라갔지만 주택 매매 가격 지수의 변화가 거의 없습니다. 마찬가지로 2013년부터 2017년까지 기준 금리를 계속 내렸지만 주택 매매 가격 지수가 큰 폭으로 올라가지도 않습니다. 즉 주택 매매 가격 지수는 2010년부터 2022년까지 계속 오르는 추세입니다. 기준 금리가 올라가든 내려가든 집값과는 크게 연관이 없어 보이네요.

실제로 기준 금리를 인하한다고 해서 집값이 갑자기 올라가지 않고, 기준 금리를 인상한다고 해서 집값이 바로 떨어지지 않습니다. 결론은 금리와 부동산만 관계가 있는 것이 아니라 정부 정책, 수요와 공급의 원리, 심리적 요인 등 다양한 요소가 반영된다고 볼 수 있습니다.

부동산 가격에 영향을 주는 세 가지 요인

첫 번째, '금리 변동'입니다. 금리가 상승하면 대출 금리가 올라가니 이자를 많이 내야 합니다. 이자를 많이 내야 한다면 사람들이 대출 이자가 부담돼서 집을 사지 않겠죠. 집을 구매하려는 수요가 점점 줄어들면 가격은 내려갈 수밖에 없습니다. 즉 수요와 공급의 법칙을 따릅니다. 경제적으로 충분한 여유가 있어 아파트를 현금으로 구매할 수 있는 사람은 금리가 올라도 아무 문제가 없습니다. 대출 이자와 무관하니까요. 하지만 국민 대다수는 현금만으로 집을 구입하기가 어렵습니다. 결국 내가 모은 돈과 대출을 더해서 집을 구매할 수밖에 없죠. 그동안 너무 올라간 집값도 부담되는데 대출 금리까지 올라간다면 집을 구매하려던 실수요자도 일단은 집을 구매하지 않을 수밖에 없습니다. 만약 이렇게 집을 매수하려는 사람이 없어진다면, 사정상 집을 꼭 매도해야 하는 사람들은 가격을 낮출 수밖에 없겠죠. 가격이 낮아지는 것이 눈에 보이면 집값이 더 떨어질 것이라고 기대하는 잠재적인 실수요 자들은 집 구매를 더 미루게 됩니다. 그럼 집값은 계속 더 떨어집니다.

두 번째, '심리'입니다. 앞으로 집값이 떨어질 것이라는 전망이 나오면 사람들의 구매 의욕은 더 떨어집니다. 한국 건설 산업 연구원에서 발표한 '2023년도 건설·부동산 경기 전망 세미나'에서는 주택 가격이 수도권은 2.0%, 지방은 3.0% 하락해 전국 평균 2.5% 떨어질 것으로 예상했습니다. 최근 2~3년 동안 GTX 수혜 지역의 부동산 가격이 급격하게 상승한 것은 GTX가 설치되면 아파트 가격이 상승할 거라는 기대감 때문이라고 할 수 있죠. 이와 반대로 부동산 시장이 2022년 들어 안 좋아지고 2023년에 더 떨어질 수 있다는 믿음이 팽배해지면 집값은 더 많이 떨어질 수밖에 없습니다.

세 번째, '실구매자의 이자 부담'입니다. 대출을 받아 집을 이미 구매한 사람은 경제적으로 어려움을 겪고 있습니다. 5억 원 아파트를 구매했는데 그중 대출이 3억 원이라고 가정해 보겠습니다. 집을 구매할 때는 대출 금리가 3%였습니다. 그럼 이자는 900만 원(3억 원×3%)으로 매달 75만 원의 이자만 내면 됩니다. 그런데 금리가 7%로 올랐습니다. 그럼 2,100만 원(3억 원×7%)으로 매달 175만 원의 이자를 내야 합니다. 달마다 100만 원의 이자를 추가로 부담하게 된 것이죠. 앞으로 상환해야 할 원금까지 생각하면 주거비의 부담이 매우 커지고, 생활이 어려워질 수밖에 없습니다. 영혼까지 끌어모아 집을 구매했던 '영끌족'은 이처럼 금리가 오른다는 걸 예상하지 못했을 것입니다. 그때는 지금 집을 사지 않으면 영영 사지 못할 거라는 걱정이 더 큰 시기였으니까요. 또한 이렇게 단기간에 크게 금리가 오를 것이라고 예상한 사람도 많지 않았을 것입니다. 집을 구매할 당시의 대출 이자만 생각하고 '매달 수입에서 대출 원리금을 상환하면 충분히 생활할 수 있다'는 판단하에 집을 구매한 것이니 말입니다. 그런데 갑작스럽게 금리가 올라가니 대처가 어려운 것이죠. 대출 이자가 부담되니 집을 팔아야겠다는 생각이 들겠지만, 다수가 집값이 떨어질 것이라고 생각하는 상황이고, 대출 이자가 비싸 집을 구매하지 않기 때문에 집이 팔리지도 않습니다. 일부 지역은 가장 비싸게 팔렸던 금액의 절반 가격인 매물도 나오고 있습니다. 아파트를 매도한다면 매도 후에 빚만 남을 수 있습니다.

💰 금리 사용 설명서

정부가 공급을 늘리면 집값이 떨어집니다. 집을 사려는 수요보다 공급이 많으면 선호하지 않는 지역의 집값은 떨어질 수밖에 없습니다. 선호 지역에도 물량이 많다면 가격은 자연히 내려갑니다. 그래서 정부가 공급을 늘리는 정책을 펴지 않는다면 당연히 부동산 가격이 올라갈 수밖에 없습니다.

39

금리 변동에도
흔들리지 않는 부동산 투자법

"부자가 되는 방법은 우선 문을 닫으십시오. 사람들이 탐욕스러울 때 두려움을 가지십시오. 사람들이 두려워할 때 탐욕스러워지십시오."

워런 버핏 평전《투자의 신》에 나오는 말입니다. 이 말만 가슴에 새겼더라도 영혼까지 끌어모아 집을 사지 않았을 것이며 이자 부담에 고통스럽지 않았을 겁니다. 과거를 후회한다고 바뀌는 것은 없지만, 경험을 통해 배울 수는 있습니다. 금리가 오르고 부동산 가격이 하락한다면 투자를 시작해야 할 시점이고, 금리가 내려서 모든 사람이 부동산투자에 열을 올린다면 매도를 준비할 시점입니다.

금리 상승기에는 구매자의 대출 이자에 대한 부담으로 부동산 시장이 침체기를 겪을 수밖에 없습니다. 집을 팔려는 사람은 많은데 사려는 사람은 없으니 매물은 쌓여 갑니다. 전문가든 일반인이든 앞으로 집값이 더 떨어질 것이라고 믿고 있습니다. 스티그마 효과는 부정적인 낙인이 찍히면 행태가 나쁜 쪽으로 변해 가는 것을 뜻하는데요. 한번 떨어진 집값은 단기간에 회복이 어렵습니다. 금리 상승이 역전되지 않는다면 부동산 가격은 당분간 지속적으로 하락할 것입니다. 사람들은 계속 떨어지는 집값에 두려워하며, 부동산 투자에 무관심하게 될 것입니다. 이때가 바로 부동산 투자를 시작해야 하는 시점입니다.

다시 부동산 공부를 시작해야 할 때

대한민국 법원 등기정보광장에 따르면 2022년 10월 경매로 나온 아파트, 오피스텔 등 집합 건물이 2,648개입니다. 9월의 1,924건과 비교하면 한 달 만에 약 37.6%가 증가했습니다. 이자를 갚지 못해 경매로 넘어온 물건도 점차 늘어나고 있습니다. 앞으로 금리가 더 오르면 경매 물건이 더 많아질 것입니다. 그럼에도 부동산 투자에 아무도 관심을 갖지 않아서 실제 경매 입찰자도 줄어들었고 낙찰가율도 낮아지고 있습니다. 부동산을 싸게 구입할 수 있는 기회가 온 것이죠. 누군가에게는 위기가 왔지만, 기다린 사람에게는 기회가 생겼습니다. 무주택자라면 경매 공부를 시작하여 경매로 내 집 마련의 꿈을 이루는 것도 좋습니다. 값이 계속 떨어지기만을 기다리기보다 부동산 가격이 급등하기 전의 가격보다 떨어진 가격에 낙찰받을 수 있다면 저점을 잡았다고 생각하면 됩니다. 아무도 관심을 두지 않을 때, 사람들이 두려워할 때 탐욕스러워지면 부동산이든 주식이든 투자에 성공할 수 있습니다.

아파트 청약을 노려 봐도 좋습니다. 이제 조정 대상 지역은 서울특별시, 과천시, 광명시, 하남시, 성남시 분당구와 수정구만 남았습니다. 조정 대상 지역이 아닌 비조정 대상 지역은 이제 주택 보유와 상관없이 청약이 가능합니다. 비조정 대상 지역은 85㎡ 이하는 가점 40%, 추첨제 60%로 공급되고, 85㎡ 초과는 100% 추첨제로 공급됩니다. 서울도 앞으로 전용 60㎡ 이하는 가점제 40%, 추첨제 60%로 공급되고, 전용 60㎡ 초과~85㎡ 이하는 가점제 70%, 추첨제 30%로 공급되기 때문에 당첨 확률이 높아집니다. 또한 추첨제는 가점과 상관없이 입주자를 선정하기 때문에 가점이 낮은 사람도 당첨될 기회가 주어진 셈이죠.

규제 지역 청약 개선안

구분	투기 과열 지구		조정 대상 지역	
	현행	개선(안)	현행	개선(안)
60㎡	가점 100%	가점 40% 추첨 60%	가점 75% 추첨 25%	가점 40% 추첨 60%
60~85㎡		가점 70% 추첨 30%		가점 70% 추첨 30%
85㎡ 초과	가점 50% 추첨 50%	가점 80% 추첨 20%	가점 30% 추첨 70%	가점 50% 추첨 50%

2022년 11월.

금리가 낮아서 너도나도 부동산 투자를 할 때는 워런버핏의 충고처럼 두려움을 가지는 게 좋습니다. 즉 자산 가치가 계속 올라갈 것이라는 탐욕을 버리고 매도하여 현금으로 수익을 확정해 놓아야 합니다.

호황과 불황은 반복됩니다. 호황 때 어느 정도의 수익을 실현해서 현금을 가지고 있다면 불황이 왔을 때 더 큰 수익을 낼 기회를 잡을 수 있습니다. 금리가 하락하면 돈의 공급이 많아지면서 돈의 가치가 하락합니다. 돈의 가치가 하락하면 물가가 상승하면서 실물 자산의 가격이 올라가게 됩니다. 코로나19 이후로 부동산 가격이 폭등한 것은 팬데믹의 경제 위기 상황을 극복하기 위해 풀었던 자금이 부동산 시장으로 흘러들어 갔기 때문입니다. 물론 공급이 늘어나지 않은 점도 영향을 주었습니다.

부동산 투자를 적극적으로 해야 하는 시기는 불황이 정점을 찍고 경기가 회복되기 시작하는 시점입니다. 금리 상승기 동안 침체돼 있던 부동산 시장은 금리가 낮아지면 대출 이자에 대한 부담이 줄어들며 서서히 회복됩니다. 이런 시기에는 대출을 받아 상가나 오피스텔에 투자해 월세 수입으로 현금 흐름을 만들어 가면서 값이 큰 폭으로 상승할 경우 매도하여 매매 차익을 노려 보는 것이 좋습니다. 대출 이자보다 월세를 많이 받기 때문에 이자에 대한 부담을 없애서 부동산 가격이 떨어질 것이라는 리스크도 인내할 수 있습니다. 앞으로 이자가 낮아져 월세 수입이 많아진다면 그 또한 좋은 일입니다.

금리 상승기에는 대출 이자 부담으로 대다수가 집을 구매하지 않습니다. 이자를 잘 상환할 수 있다면 싸게 구입할 수 있는 기회의 시기입니다. 만약 이자가 부담스럽다면 월세를 받아 이자를 상환하는 방법도 있습니다. 대출이 있더라도 지역별 소액 임차 보증금에 맞춰 월세를 내놓는다면 세입자를 쉽게 구할 수 있습니다.

금리 하락기에는 집값이 꾸준히 상승합니다. 그러므로 금리 상승기에 집을 구매하여 보유하고 있다가 매도를 통해 수익을 확정하면 좋습니다.

40

금리가 오를 때는
전세보다 월세가 좋을까?

금리가 오르니 전세 수요보다 월세 수요가 많아진다는 기사가 많이 보입니다. 금리 상승과 월세 수요는 어떤 관계일까요? 언뜻 연관이 잘 되지 않습니다.

금리가 오르면 은행에서 이자를 많이 주니까 집주인은 전세 보증금을 많이 받으면 좋습니다. 그럼 전세로 집을 많이 내놓을 텐데요. 문제는 전세로 내놓은 집에 들어올 사람이 없다는 것이죠. 전세 보증금을 은행에서 빌리자니 이자가 너무 높은 것입니다. 세입자는 은행에 이자를 내나 집주인에게 월세를 내나 비슷하다고 느낍니다. 그래서 월세를 찾는 수요가 늘어납니다. 결론적으로 월세를 살려는 사람들의 수요가 많아지고, 수요가 많아지니 월세도 올라갑니다.

전세는 집주인에게 매월 세를 내지 않습니다. 대신 전세 보증금으로 큰 금액을 줍니다. 월세는 보증금이 작지만 매달 세를 줘야 합니다. 이 중간인 반전세가 있습니다. 보증금을 꽤 내지만 일부 월세도 내는 것이죠. 지금은 월세 수요가 많은데 이것이 세입자에게 유리할까요?

전세, 반전세, 월세 비용 따져 보기

결론부터 말씀드리면, 모은 돈이 많든 적든 월세보다 전세가 좋습니다. 전세 보증금을 대출받아서 내야 하는 경우라면 현재 이자가 비싸기 때문에 월세로 들어가고 싶을 텐데요. '버팀목전세자금대출'이나 '신혼부부전용전세자금대출'이 있지만, 대출 자격 조건에 해당하는 사람만 받을 수 있습니다. 예를 들어 설명해 보겠습니다. 2022년 12월 서울의 한 아파트에 올라온 매물입니다.

- 전세 보증금 4억 원
- 보증금 3,000만 원에 월세 230만 원
- 반전세로 보증금 1억 원에 월세 150만 원

이 세 가지 매물 중에 과연 어떤 집에 들어가는 것이 좋을까요? 일단 본인 돈 5,000만 원이 있다고 가정하겠습니다. 전세 보증 대출을 받으려면 적어도 보증금의 10%는 있어야 하니까요.

전세 보증금이 4억 원인 아파트에 거주하려면 3억 5,000만 원의 대출이 필요합니다. 2022년 12월 기준 전세 자금 대출 평균 금리인 6%로 계산한다면 연 2,100만 원(3억 5,000만 원×6%), 매월 175만 원을 이자로 납부해야 합니다.

보증금 3,000만 원에 월세 230만 원인 경우에는 보증금을 납부하고 남은 2,000만 원에 대해 정기 예금 금리 6%를 받는다고 하면 120만 원을 이자로 받을 수 있습니다. 월로 환산하여 차감하면 매월 220만 원(월세 230만 원-이자 10만 원)을 내면 됩니다.

전세 보증금 1억 원에 월세 150만 원인 아파트에 거주하려면 5,000만 원의 대출이 필요합니다. 똑같이 6%로 계산하면 연 300만 원(5,000만 원×6%), 매월 25만 원을 이자로 납부해야 합니다. 그럼 월세와 이자 포함하여 매월 175만 원(이자 25만 원+월세 150만 원)이 필요합니다.

전세, 반전세, 월세 비용

구분	1년간 지출되는 총금액	매월 내야 하는 금액
보증금 4억 원	2,100만 원	약 175만 원
보증금 3,000만 원, 월세 230만 원	2,640만 원	약 220만 원
보증금 1억 원, 월세 150만 원	2,100만 원	약 175만 원

2022년 12월 서울 아파트 기준. 전세 자금 대출 금리 6%, 정기 예금 금리 6%로 가정.

계산 결과를 보면 전세로 사는 것이 월세로 사는 것보다 연간 540만 원을 절약할 수 있습니다. 물론 전세로 살지 못하는 사정도 있고, 단기간만 거주하기 위해 월세로 사는 경우도 있습니다. 이러한 특수 상황이 아니라면 전세로 거주하는 것이 세입자에게는 유리합니다.

세입자가 이자를 은행에 내지 않고 월세로 내면 집주인은 수익 면에서 좋습니다. 문제는 세입자가 월세를 제때 내지 않을 경우에 생깁니다. 월세가 약속된 날짜에 입금되지 않고 한 달씩 연체라도 되면 집주인도 스트레스를 받습니다. '그럼 보증금에서 제하면 되는 거 아닌가'라고 생각할 수도 있겠지만, 이 경우에는 월세가 230만 원이기 때문에 13개월 밖에 되지 않습니다. 그래서 매달 수익을 적게 가져가더라도 보증금을 높이는 게 좋습니다. 세입자가 월세를 다 내지 못하더라도 보증금이 많으면 밀린 월세를 차감하고 주면 되니까요.

전세 대출이 불가하여 월세로 살아야 한다면 계약할 집의 대출 유무를 확인해야 합니다. 다른 매물보다 월세가 더 싸게 나왔다면 보증금을 올렸을 수 있는데요. 대출이 있는 집의 보증금이 최우선 변제금보다 많은 경우에는 보증금 일부를 나중에 돌려받지 못할 수가 있습니다. 해당 집에 문제가 발생하여 경매로 넘어가면 최우선 변제금까지 돌려받을 수 있기 때문입니다. 부동산 중개업소 사장님이 집주인이 부자라서 대출이 많아도 상관없다고 하는 말에 혹하여 월세가 저렴하다고 계약하면 나중에 크게 후회하는 일이 발생할 수 있습니다.

전세든 월세든 입주하는 날에 반드시 전입 신고를 하고 확정 일자를 받아야 합니다. 거주지 근처 행정복지센터(주민센터)에서 한 번에 가능합니다. 귀찮더라도 꼭 입주하는 날 하세요. 인터넷으로도 신고가 가능합니다.

소액 임차인의 범위 및 최우선 변제금

지역	우선 변제를 받을 임차인의 범위	최우선 변제금
서울특별시	1억 6,500만 원 이하	5,500만 원 이하
수도권 과밀억제권역, 세종시, 용인시, 화성시, 김포시	1억 4,500만 원 이하	4,800만 원 이하
광역시, 안산시, 광주시, 파주시, 이천시, 평택시	8,500만 원 이하	2,800만 원 이하
그 밖의 지역	7,500만 원 이하	2,500만 원 이하

2023년 1월 기준.
구분에 따른 기준 금액을 보증금으로 지불한 임차인.
소액 임차인이 우선 변제를 받을 수 있는 금액은 그 보증금 중 구분에 따른 금액.
우선 변제 금액이 주택 가격의 2분의 1을 초과하는 경우에는 주택 가격의 2분의 1에 해당하는 금액을 변제받는다.

41

버블 뒤에 기회가 온다는데 집을 사야 할까?

2022년 하반기로 들어서니 부동산 기사 제목이 전년도와 확연히 차이가 났습니다. 전년도에는 집값이 연일 올라간다는 기사가 주를 이루었다면 2022년에는 거래가 이루어지지 않고, 집값이 몇 억 원씩 떨어져서 거래된다는 기사가 올라왔습니다. 이런 상황을 버블이 지나가는 상태라고 볼 수 있을까요?

우선 2021년도에 부동산 시장이 버블이었는지를 알아보기 전에 버블의 의미를 알아보겠습니다. 버블이란 '일정 기간 부동산 등의 자산 가격이 급격히 올랐다가 다시 급격히 내려가는 현상'을 말합니다. 윌리엄 퀸과 존 D. 터너가 《버블》에서 버블을 만들어 내는 3요소를 설명했는데요. 버블의 3요소는 시장성, 돈과 신용, 그리고 투기입니다. 이 세

가지 요소가 갖추어진 상황에서 정치적인 요인이나 새로운 기술이 등장하면 버블이 완벽하게 만들어 지는 것이죠.

격동의 2021년과 2022년, 버블을 지난 후에는?

버블의 정의와 들어맞게도 2021년에 대한민국의 부동산은 급격하게 올랐고 2022년에 급격하게 가격이 떨어졌습니다. 그럼 버블의 3요소에 대입해 보겠습니다.

우선 시장성입니다. 시장성은 자산을 자유롭게 사고팔 수 있는 환경을 말하는데요. 2021년에는 부동산 공급이 적었지만 매수자의 수요가 매우 많았기 때문에 매도자가 팔려는 의지만 있다면 주택을 팔 수 있었습니다. 시장성은 당연히 충분했다고 볼 수 있습니다.

두 번째는 돈과 신용입니다. 2021년은 코로나19로 인해 금융 시장에 막대한 돈이 풀렸습니다. 게다가 최저 금리였기에 대출을 해도 이자 부담이 적었습니다. 비트코인이나 주식 시장도 돈이 넘쳐나는 상승장이었다고 볼 수 있는 것이죠.

마지막으로 투기를 살펴보겠습니다. 투기란 '시세 변동을 예상하여 차익을 얻기 위하여 하는 거래'를 뜻합니다. 벤저민 그레이엄은 《벤저민 그레이엄의 증권분석》에서 "투자는 철저한 분석을 통해서 원금의 안전과 충분한 수익을 약속받는 행위이다. 이 요건을 충족하지 못하면 투기이다"라며 투자와 투기의 차이를 구분했습니다.

2021년에 부동산을 매입한 국민 중에는 실거주자도 많았지만 투자자도 많았습니다. 투자자가 많았다는 사실은 한국부동산원에서 발표한 아파트 매매 거래 현황 자료에서 확인할 수 있는데요. 2021년 전국 아파트 거래 약 64만 건 중 약 19만 건이 외지인 거래였고, 외지인 아파트 매매 비중이 2006년 이후 최고치였습니다. 2021년에 아파트를 매수한 투자자들은 집값이 계속 오르고 있는 상황이었기에 원금의 안전과 충분한 수익을 기대하며 투자했을 테니 현재 시점에서는 투자가 아닌 투기로 보입니다.

전국 외지인 아파트 매매 비중

한국부동산원.

버블의 3요소에 정치적인 요인이 등장하면 버블이 완벽하게 만들어진다고 앞서 말씀드렸는데요. 2021년 이전부터 정부에서는 줄기차게 부동산 규제 정책을 시행했습니다. 2017년 8·2대책, 2018년 9·13대책, 2019년 12·16대책의 굵직한 정부 정책을 포함하여 총 26번의 부동산 대책을 시행했습니다. 결국 2021년은 버블의 3요소와 정치적인 요인까지 더해져 부동산 버블이 있었던 해라고 판단할 수 있습니다.

그럼 현재 버블이 지나가고 있는 상황일까요? 아직 버블이 다 지나간 것은 아니라고 볼 수 있습니다. 거품의 일부가 걷히고 있는 상황일 뿐 그동안 차곡차곡 쌓여 왔던 버블이기에 일시에 해소되기가 어렵습니다. 즉 시간을 두고 부동산 가격이 점차적으로 하락할 것입니다. 결국 2023년은 이제 부동산 하락이 시작되는 시기라고 볼 수 있습니다. 따라서 지금 바로 집을 구매해야 하는 상황이 아니라면 좀 더 지켜봐도 좋겠습니다.

물론 실거주자로서 본인이 살고자 하는 지역에 나의 자본으로 매입이 가능한 집이 있다면 구입하는 것은 상관없습니다. 결혼 생활을 시작하거나 아이가 생겨 좀 더 넓은 집으로 이사해야 한다면 당연히 집을 구매해서 사는 것은 바람직합니다. 본인이 감당할 수 있는 대출을 받을 수 있다면 실거주를 위한 집 구매는 언제든 좋습니다.

🐷 금리 사용 설명서

이제 버블이 조금씩 걷히는 시기라고 볼 수 있습니다. 금리가 갑자기 하락하지 않는다면 부동산 가격은 점차 하락할 것으로 예상됩니다. 중요한 점은 주식이든 부동산이든 최저점을 찾아서 구매하기는 실상 어렵다는 것입니다. 실거주자이며 집이 필요한 상태라면 급매물 위주로 집을 알아보고 아파트 청약을 노려도 좋습니다. 투자자 입장에서 접근한다면 조금 더 기다려도 괜찮습니다. 경매나 공매로 나오는 물건을 유심히 살펴보면서 좋은 수익을 낼 수 있는 물건이 나타나기를 기다리는 것도 좋겠습니다.

42

돈 갚는 데도
전략이 필요할까?

은행에 방문하면 예금 상품은 물어보기가 쉬운데 대출 상품은 왜인지 물어보기가 어렵습니다. 돈을 빌린다는 것은 조금 꺼려지는 일입니다. 그러나 사실 대출은 성실하게 잘 갚아 나가고 관리만 잘하면 나의 자산을 확장하는 데 가장 큰 도움이 됩니다. 노동력을 제공하여 모은 월급만으로는 내 집 구하기가 힘든 현실이니까요. 그렇다면 내가 살아가기 위해 필요한 대출부터 알아보겠습니다.

대출 상품은 여러 가지가 있지만 크게 두 가지로 나눌 수 있습니다. 담보 대출과 신용 대출입니다. 담보 대출은 '어떤 가치가 있는 물건을 담보로 하는 대출'을 말하는데요. 대표적인 예로 주택 담보 대출이 있습니다. 은행에 예치해 놓은 정기 예금이나 주택 청약 저축 등 예금을 담보로 한 예금 담보 대출과 보증금을 담보로 한 전세 자금 대출도 담보 대출의 하나입니다.

필요와 조건에 따라 바뀌는
대출 방식과 상환 방식

주택 담보 대출은 주택 구입 자금 대출과 생활 안정 자금 대출로 나눕니다. 주택 구입 자금 대출은 말 그대로 집을 구매하면서 받는 대출입니다. 현금이 많아서 대출받지 않고 집을 구매할 수 있으면 주택 구입 자금 대출이 필요치 않습니다. 하지만 문제는 집값이 너무 올라 현금만으로는 집을 구매할 수 없기 때문에 주택 구입 자금 대출을 받아야 합니다. 생활 안정 자금 대출은 생활에 필요한 돈이 부족해 집을 담보로 받는 대출을 말합니다.

주택 담보 대출은 원금과 이자를 함께 갚아야 합니다. 상환 방식에 따라 원금 균등 상환, 원리금 균등 상환으로 나눕니다. 원금 균등 상환 방식은 매달 원금을 균등하게 상환하는 방식이기 때문에 초기에 갚아야 할 돈이 많지만 점차 원금이 줄어들기 때문에 대출 이자를 적게 낼 수 있습니다. 원리금 균등 상환 방식은 대출 상환 기간에 원금과 이자를 균등하게 갚아 나가는 방식입니다. 대다수가 지출 관리를 위해 원리금 균등 상환 방식으로 대출을 많이 합니다. 매월 갚아야 하는 금액이 일정하여 가계 지출 관리에는 좋지만, 원금 균등 상환 방식보다 이자를 많이 내야 합니다.

3억 원을 30년 동안 갚기로 하고 대출했을 때 각 방식에 따라 매달 내는 돈을 보겠습니다.

원리금 균등 상환 방식

대출 금액: 3억 원
연 이자율: 5%, 원, 30년 대출

회차	납입 원금	대출 이자	월 상환금	대출 잔금
1	360,465	1,250,000	**1,610,465**	299,639,535
2	361,967	1,248,498	**1,610,465**	299,277,568
3	363,475	1,246,990	**1,610,465**	298,914,093
4	364,989	1,245,475	**1,610,465**	298,549,104
5	366,510	1,243,955	**1,610,465**	298,182,594
6	368,037	1,242,427	**1,610,465**	297,814,556
7	369,571	1,240,894	**1,610,465**	297,444,985
8	371,111	1,239,354	**1,610,465**	297,073,875
9	372,657	1,237,808	**1,610,465**	296,701,217
10	374,210	1,236,255	**1,610,465**	296,327,008
11	375,769	1,234,696	**1,610,465**	295,951,239
12	377,335	1,233,130	**1,610,465**	295,573,904
13	378,907	1,231,558	**1,610,465**	295,194,997
14	380,486	1,229,979	**1,610,465**	295,814,511
15	382,071	1,228,394	**1,610,465**	294,432,440
16	383,663	1,226,802	**1,610,465**	294,048,777
총 대출 이자		279,767,353원		
총 상환 금액		579,767,353원		

원금 균등 상환 방식

대출 금액: 3억 원
연 이자율: 5%, 원, 30년 대출

회차	납입 원금	대출 이자	월 상환금	대출 잔금
1	833,333	1,250,000	**2,083,333**	299,166,667
2	833,333	1,246,528	**2,079,861**	298,333,333
3	833,333	1,243,056	**2,076,389**	297,500,000
4	833,333	1,239,583	**2,072,917**	296,666,667
5	833,333	1,236,111	**2,069,444**	295,833,333
6	833,333	1,232,639	**2,065,972**	295,000,000
7	833,333	1,229,167	**2,062,500**	294.166,667
8	833,333	1,225,694	**2,059,028**	293,333,333
9	833,333	1,222,222	**2,055,556**	292,500,000
10	833,333	1,218,750	**2,052,083**	291,666,667
11	833,333	1,215,278	**2,048,611**	290,833,333
12	833,333	1,211,806	**2,045,139**	290,000,000
13	833,333	1,208,333	**2,041,667**	289,166,667
14	833,333	1,204,861	**2,038,194**	288,333,333
15	833,333	1,201,389	**2,034,722**	287,500,000
16	833,333	1,197,917	**2,031,250**	286,666,667
총 대출 이자	225,625,000원			
총 상환 금액	525,625,000원			
첫 달 상환 금액	2,083,333원			

원금 균등 상환 방식과 원리금 균등 상환 방식의 이자만 놓고 비교해 보면 원금 균등 상환 방식은 대출 이자를 5,414만 2,353원 절약할 수 있습니다. 따라서 초기에 부담이 되더라도 원금 균등 상환 방식으로 대

출을 갚는 것이 유리합니다.

신용 대출은 '나의 신용 등급에 따르는 대출'을 말합니다. 신용 대출은 일시 상환 대출과 마이너스 통장이 있습니다. 일시 상환 대출은 필요한 돈을 한 번에 받아서 쓰는 대출을 말합니다. 일시 상환 대출로 1,000만 원을 받으면 입출금 통장에 1,000만 원이 생기는 것입니다. 마이너스 통장은 대출을 받더라도 통장에 1,000만 원이 생기는 게 아니라 1,000만 원까지 쓸 수 있는 한도가 부여되는 것입니다. 그래서 마이너스 통장에서 돈을 찾으면 통장 잔액에 마이너스(-)가 붙죠.

일시 상환 대출은 실행 즉시 돈을 입출금 통장으로 받기 때문에 대출 실행일 다음 달부터 대출 금액에 대한 이자를 납부해야 합니다. 마이너스 통장은 한도를 약정해 놓은 것이기에 마이너스 통장의 돈을 쓰지 않는다면 이자를 납부하지 않아도 됩니다. 마이너스가 된 시점부터 이자가 계산됩니다. 그럼 당연히 마이너스 통장으로 대출받는 게 좋겠다고 생각하실 수 있겠지만, 일시 상환 대출보다 마이너스 통장이 이율이 높습니다. 같은 액수를 대출받는다면 일시 상환 대출이 이자를 적게 냅니다.

📜 금리 사용 설명서 ────────────────

주택 담보 대출을 받을 때는 원리금이 부담되더라도 원금 균등 상환 방식을 선택하는 게 유리합니다. 주택 담보 대출은 1년간 이자만 납부하고 1년 뒤부터 원금과 이자를 함께 상환하도록 거치 기간을 설정할 수 있습니다. 자금 여유가 없다면 이 제도를 적극 활용하세요.

대출 약정 체결 시에 1억 원 이하, 10억 원 이하에 따라 납부해야 할 인지세가 달라집니다. 현금에 여유가 있다면 대출을 꼭 최대로 받지 말고 인지세도 아낄 겸 구간에 맞춰서 받으면 세금을 절약할 수 있습니다. 인지세는 은행과 고객이 50%씩 부담합니다.

대출 금액	인지세
5,000만 원 이하	비과세
5,000만 원 초과 1억 원 이하	7만 원
1억 원 초과 10억 원 이하	15만 원
10억 원 초과	35만 원

주택 담보 대출의 경우에는 주택에 대한 근저당권을 설정해야 하기 때문에 근저당권 설정 비용이 발생합니다. 근저당권 설정 비용은 은행에서 부담하지만, 국민 주택 채권 매입 관련 할인 비용은 고객이 부담해야 합니다. 나중에 대출 상환 후 근저당권 말소를 위한 등기 비용 또한 대출자가 부담해야 합니다.

43

대출할 때 알아야 하는
코픽스와 CD 금리

은행에서 돈을 빌릴 일이 없다면, 코픽스와 CD 금리를 군이 알 필요가 없겠지만, 살면서 한 번은 은행에서 대출을 받게 됩니다. 학자금 대출일 수도 있고, 내 집을 마련 위한 주택 담보 대출일 수도 있습니다. 대출을 받을 때나 기존 대출을 연장해야 할 때 기준 금리가 중요하니 알고 넘어가면 좋겠습니다.

양도와 매도가
가능한 예금

코픽스 금리를 알아보기 전에 먼저 CD 금리에 대해서 알아보겠습니다. 코픽스 금리가 태어나게 된 이유가 CD 금리 때문이거든요.

CD(certificate of deposit) 금리란 신용 등급이 AAA인 7개의 시중 은행이 발행한 CD에 대해서 10개의 증권사가 금리를 평가하고, 이 평가된 수익률을 한국 금융 투자 협회에 보고하여 결정되는 금리를 말합니다. CD 금리는 2000년대 중반까지만 해도 대표적인 대출 금리 지표로 활용되었습니다.

그럼 CD가 뭔지 궁금해지죠? CD는 '양도성 예금 증서'입니다. 즉 예금 증서인데 양도가 가능하다는 것이죠. 예금 증서는 쉽게 정기 예금을 말합니다. 요즘은 은행에 가지 않고도 스마트폰으로 정기 예금에 가입할 수 있잖아요? 비대면으로 가입하면 통장은 받을 수 없지만, 대신 계약서를 이메일이나 문자로 받습니다. 은행에 방문해서 가입하면 통장을 발행합니다.

마찬가지로 CD도 정기 예금인데 통장이 아니라 종이(증서)로 발행된 것입니다. 그럼 CD와 정기 예금의 차이점은 무엇일까요? 정기 예금은 다른 사람에게 양도할 수 없을뿐더러 예금주가 신분증을 가지고 은행에 방문해야 돈을 찾을 수 있습니다. 타인에게는 정기 예금을 해지해서 돈을 줄 수 있겠지만 정기 예금 자체를 줄 수는 없죠. 양도성 예금 증서는 다릅니다. CD는 만기가 되기 전에 다른 사람에게 줄 수도 팔 수도 있습니다. 그리고 CD는 매매를 위해 은행에 방문하지 않아도 됩니다. 돈이 필요할 때 즉시 팔아서 현금화도 할 수 있고, 누군가에게 증여해도 문제가 없습니다.

양도성 예금 증서의 이런 장점으로 2000년대 중반까지 발행량과 거래량이 모두 많았습니다. 그래서 CD 금리를 대표적인 단기 금리 지표로 활용했습니다. 그러다가 2009년부터 정부가 은행들의 건전성을 높이기 위해 예대율(은행의 예금 잔액에 대한 대출금 잔액의 비율)을 100% 이하로 낮추면서 기존에 예금으로 인정되던 CD를 예금에서 제외했습니다. 이에 따라 은행들은 당연히 CD 발행을 줄였고 시장이 크게 위축되면서 CD가 시장 금리를 제대로 반영하지 못한다는 문제점이 제기되었습니다. 또한 2012년에 증권사들이 CD 금리를 조작하여 의도적으로 높은 수준을 유지하고 있다는 의혹도 제보되었습니다. 이에 이를 대체할 단기 기준 금리가 필요해졌습니다. 바로 코픽스 금리입니다.

어떤 금리로
대출 받을 때 더 유리할까?

코픽스(COFIX, cost of fund index)란 전국은행연합회가 국내 은행 8곳에서 제공한 자금 조달 금리를 중요도에 따라 특정 가중치를 곱해 평균을 내서 산출한 자금 조달 비용 지수를 의미합니다. 쉽게 은행이 영업을 하는 데 필요한 금리를 지표로 만든 것입니다. 해당 은행들은 농협, 신한, 우리, SC제일, 하나, 국민, 한국씨티, 중소기업입니다. 자금 조달 산출을 위한 수신 상품은 정기 예금, 정기 적금, 상호 부금, 주택 부금, 양도성 예금 증서, 환매 조건부 채권 매도, 표지 어음 대출, 금융

채입니다. COFIX 금리는 총 네 가지로, 신규 취급액 기준 코픽스, 잔액 기준 코픽스, 단기 코픽스, 신잔액 기준 코픽스가 있습니다.

- 신규 취급액 기준 코픽스: 매월 신규로 취급한 수신 상품 금액의 가중 평균 금리.
- 잔액 기준 코픽스: 매월 말 보유하고 있는 수신 상품 잔액의 가중 평균 금리.
- 단기 코픽스: 주간 신규로 취급한 만기 3개월의 수신 상품 금액의 가중 평균 금리.
- 신잔액 기준 코픽스: 8개 수신 상품에 예수금, 기타 차입금을 포함하여 월말 보유하고 있는 잔액의 가중 평균 금리.

여기서 가중 평균 금리는 '금융 기관에서 취급하는 금융 상품의 금리를 사용 빈도나 금액의 비중으로 가중치를 두어 평균한 금리'를 말합니다. 예를 들어 정기 예금은 양도성 예금 증서보다 금액의 비중도 크고 빈도도 높으니까 정기 예금에 가중치를 두어서 평균을 낸다는 것입니다.

은행에서는 주택 담보 대출 금리를 결정할 때 이 네 가지 코픽스 금리 중 한 가지를 선택하고, 대출받는 사람의 신용도를 반영하여 가산 금리를 더해 금리를 결정합니다. 그래서 우리가 대출 금리를 더 싸게 받으려면 네 가지 코픽스 금리 중 무엇을 선택해야 하는지 중요하겠죠.

금리가 상승하는 시기에 대출을 받는다면 잔액 기준 코픽스 금리가 신규 취급액 기준 코픽스 금리보다 유리합니다. 이유는 잔액 기준 코픽스의 경우 매월 말 보유하고 있는 수신 상품 잔액의 가중 평균이기 때문에 이번 달에 새로 모집한 자금뿐만 아니라 과거에 모집한 자금까지 포함해서 계산합니다. 즉 시장 금리가 늦게 반영되고 금리 변동 폭도 상대적으로 작아집니다.

코픽스 금리의 종류

신규 취급액 기준 코픽스	잔액 기준 코픽스	신잔액 기준 코픽스	단기 코픽스
4.34%	3.19%	2.65%	4.30%

전국 은행 연합회 홈페이지(공시일: 2022년 12월 15일).

자료를 보면 확실히 아실 수 있겠죠? 금리가 인상하는 기간에는 잔액 기준 코픽스로 하는 것이 좋습니다.

💰 금리 사용 설명서

금리가 상승하는 시기에 대출을 받아야 한다면 잔액 기준 코픽스를 기준 금리로 하여 대출을 받도록 합니다. 이유는 다른 코픽스 금리보다 시장 금리가 늦게 반영되기 때문이죠. 그래서 금리가 하락하는 시기에는 단기 코픽스나 신규 취급액 기준 코픽스로 대출을 받으면 좋습니다.

44

주택 담보 대출
얼마나 받을 수 있을까?

2022년에 들어서면서 천정부지로 올라가던 아파트 가격이 급격하게 하락하기 시작했습니다. 아파트 가격이 많이 떨어졌다면 그동안 모은 돈만으로도 집을 살 수 있지 않을까요? 지역에 따라 차이는 있겠지만, 아파트 가격이 크게 하락했다 하더라도 대출 없이 현금으로만 집을 구매하는 것은 쉬운 일이 아닙니다. 특히 서울 지역은 아파트 가격이 5억 원이 떨어졌어도 10억 원이 필요할 수 있습니다. 결국 대출을 받아야지만 집을 구매할 수 있는거죠.

집을 살 때 일정 금액은 반드시 내가 돈을 내야 하지만 나머지는 대출을 받을 수 있습니다. 이때 대출을 얼마만큼 받을 수 있느냐는 LTV, DTI, DSR에 따라 정해집니다. 그럼 지금부터 하나씩 알아볼까요?

내 집 마련을 위해 알아야 할
LTV, DTI, DSR

1) LTV

LTV(loan to value ratio)란 '주택 담보 대출 비율'을 의미합니다. 은행에서 대출을 해 줄 때 주택을 담보로 해 줄 수 있는 대출 비율을 말합니다. 주택 담보 대출 비율(LTV)은 지역에 따라서 50%인 곳도 있고, 70%인 곳도 있습니다. 담보 대출 비율이 70%라고 하면 집 구매 가격에 70%까지는 대출이 가능하다는 뜻입니다. 즉 3억 원짜리 아파트를 구매한다면 2억 1,000만 원(3억 원×70%)까지 대출이 가능합니다. 그럼 나는 9,000만 원만 있으면 되겠지요.

2) DTI

DTI(debt to income ratio)란 '총부채 상환 비율'을 의미합니다. 대출을 받으려는 사람의 연간 원리금 상환액이 소득에서 차지하는 비율을 뜻하죠. 대출을 받으면 1년 동안 갚아야 하는 원금과 이자 금액이 정해지겠죠? 1년 동안 갚아야 하는 원리금 상환액을 연 소득으로 나누면 DTI 비율이 나옵니다.

'DTI=(주택 담보 대출 연간 원리금 상환액+기타 부채의 연간 이자 상환액)÷연 소득'

계산식을 보면 주택 담보 대출의 연간 원리금 상환액에다 기타 부채의 연간 이자 상환액을 더한 후에 연 소득으로 나누었습니다. 기존에 금융권에서 대출을 받은 사람이라면 이번에 주택 담보 대출을 할 때 연간 원리금 상환액과 기존 부채의 연간 이자 상환액을 합쳐서 연 소득으로 나눠야 DTI가 결정됩니다.

3) DSR

DSR(debt service ratio)이란 '총부채 원리금 상환 비율'을 의미합니다. DTI와 비슷하지만 원리금이라는 글자가 붙어 있습니다. 대출을 받으려는 사람의 소득 대비 전체 금융 부채의 원리금 상환액 비율을 말하죠. 주택 담보 대출의 연간 원리금 상환액과 신용 대출, 자동차 할부금, 학자금 대출, 카드론 등 기존에 가지고 있는 모든 대출의 원리금 상환액을 더해서 연 소득으로 나누면 DSR 비율이 나옵니다.

'DSR=(주택 담보 대출 연간 원리금 상환액+기타 부채의 연간 원리금 상환액)÷연 소득'

DTI는 연간 이자 상환액이 추가되는데, DSR은 연간 이자 원리금 상환액이니 당연히 대출 한도가 줄어들 수밖에 없습니다.

LTV 지역별 적용 기준

구분	규제 지역 (투기(과열)지구·조정 대상 지역)	수도권(규제 지역 외) + 이외 기타 지역
무주택 세대	50%(22. 12. 01.)	70%
서민·실수요자	70%(22. 12. 01.)	
생애 최초 주택 구매자	최대 80%	
1주택 보유 세대	50%(22.12.01) *예외 조건 충족 시	60% *예외 조건 충족 시 70%
2주택 이상 보유 세대	0%	60%

구분			조건
일반 주택 (9억 원 이하)	규제 지역	무주택	예외 조건과 관계없이 대출 가능
		1주택	아래 조건 중 1가지 충족 시 예외 취급 가능 • 대출 실행일로부터 2년 이내 기존 주택 처분 조건 추가 약정 필요 • 불가피한 사유(직장 발령, 부모 봉양)를 증명하고 신규 주택으로 대출 실행 3개월 이내 전입 필요
	비규제 지역	무주택	대출 담보물 외 추가 주택 미 구입에 대한 조건 약정 필요
		1주택 이상	기 보유 주택 처분한 매매 계약서 및 계약금 이체 내역을 입증 시 무주택 세대로 간주하여 LTV 10% 미차감 가능
고가 주택/ 초고가 주택 (9억 원 초과)	규제 지역	무주택	예외 조건과 관계없이 대출 가능
		1주택	대출 실행일로부터 2년 이내 기존 주택 처분 조건 추가 약정 시 예외 취급 가능
	비규제 지역	무주택	대출 담보물 외 추가 주택 미구입에 조건 약정 필요
		1주택 이상	기 보유 주택 처분한 매매 계약서 및 계약금 이체 내역을 입증 시 무주택 세대로 간주하여 LTV 10% 미차감 가능

DTI 대상 및 지역별 적용 기준

구분		규제 지역		
		투기 및 투기 과열 지구	조정 대상 지역	
			아파트	아파트 외
무주택자		40%	50%	100%
서민, 실수요자 주택 구입 시		60%	60%	
1주택 보유자	주택 구입 목적	40%	50%	
	생활 안정 자금	40%	50%	
2주택 보유자	주택 구입 목적	0%	0%	
	생활 안정 자금	30%	40%	

구분		비규제 지역		
		수도권		그 밖의 지역
		아파트	아파트 외	
무주택자		60%	100%	100%
서민, 실수요자 주택 구입 시		60%		
1주택 보유자	주택 구입 목적	50%		
	생활 안정 자금	50%		
2주택 보유자	주택 구입 목적	50%		
	생활 안정 자금	50%		

DTI나 DSR 비율을 낮게 유지하려면 대출 기간이 최대한 길어야 좋습니다. 주택 담보 대출의 연간 원리금 상환액이기 때문에 10년 약정 대출과 40년 약정 대출이 있다면 40년이 원리금 상환액이 적기 때문입니다. 단점은 기간이 길어지기 때문에 이자가 늘어납니다. 그래서 중도 상환 수수료가 면제되는 시점(보통 3년)부터는 원금을 추가로 갚으면서 이자 금액을 낮추는 것이 좋습니다.

45

주택 관련 대출
가장 저렴한 상품 알아보기

목돈이 가장 필요할 때가 집을 구할 때입니다. 집을 매매하든, 전셋집을 구하든 금액이 크다 보니 대출 금리는 최대한 싸게 받는 것이 중요합니다. 1억 원을 빌려야 할 때 1%만 금리를 낮게 받으면 매년 100만 원을 아낄 수 있습니다. 그럼 이자가 싼 주택 관련 대출 상품은 어떤 것이 있는지 알아보겠습니다.

사회 초년생부터 신혼부부까지
생애 최초 구입자부터 무주택자까지

주택 담보 대출 중에서 저렴한 상품은 주택도시기금을 통한 내집마

런디딤돌대출과 신혼부부전용 구입 자금 대출이 있습니다. 주택도시기금대출은 농협은행, 신한은행, 국민은행, 우리은행, 기업은행에서 대출받을 수 있습니다.

내집마련디딤돌대출은 정부에서 지원해 주는 대표적인 서민 주택 구입 자금 대출입니다. 은행마다 차이는 있지만, 비대면으로 아파트 대출을 받을 때도 2022년 12월 기준 최저 금리가 연 6%입니다. 내집마련디딤돌대출은 대출 금리가 연 2.15~3%로, 아주 저렴한 주택 담보 대출 상품입니다. 다만 서민을 위한 주택 구입 자금 대출이기 때문에 대출 대상자가 한정되어 있습니다. 부부 합산 연 소득 6,000만 원 이하이며 순자산가액이 4억 5,800만 원 이하인 무주택 세대주가 가능합니다.

내집마련디딤돌대출

대출 대상	• 부부 합산 연 소득 6,000만 원 이하 • 순자산가액 4억 5,800만 원 이하 무주택 세대주 • 생애 최초 주택 구입자, 2자녀 이상 가구 또는 신혼 가구는 연 소득 7,000만 원 이하)
대출 금리	연 2.15~3.00%
대출 한도	최대 3억 1,000만 원 이내(LTV 70%, DTI 60% 이내)
대출 기간	10년, 15년, 20년, 30년(거치 1년 또는 비거치)

정부 지원 3대 서민 구입 자금을 하나로 통합한 저금리의 구입 자금 대출.

신혼부부전용 주택구입자금대출은 내집마련디딤돌대출과 거의 비슷하나 금리는 연1.85~2.70%로 더 저렴합니다. 다만 대출 대상이 신혼부부이면서 생애 최초 주택 구입자여야 합니다. 신혼부부는 혼인 기간 7년 이내 또는 3개월 이내 결혼 예정자를 말합니다.

신혼부부전용 주택구입자금대출

대출 대상	• 부부 합산 연 소득 7,000만 원 이하 • 순자산가액 4억 5,800만 원 이하 무주택 세대주 신혼부부 생애 최초 주택 구입자
대출 금리	연 1.85~2.70%
대출 한도	최대 3억 1,000만 원 이내(LTV 70%, DTI 60% 이내)
대출 기간	10년, 15년, 20년, 30년(거치 1년 또는 비거치)

*신혼집 구입 비용이 고민인 신혼부부를 위한 신혼부부 전용 대출.

전세 자금 대출도 주택도시기금의 대출 상품이 가장 저렴합니다. 대표적인 상품은 버팀목전세자금대출, 신혼부부전용 전세자금대출, 주거안정월세대출, 청년전용 보증부월세대출이 있습니다.

버팀목전세자금 대출

대출 대상	• 부부 합산 연 소득 5,000만 원 이하 • 순자산가액 3.25억 원 이하 무주택 세대주
대출 금리	연 1.8~2.4%
대출 한도	수도권 1억 2,000만 원, 수도권 외 8,000만 원 이내
대출 기간	2년(4회 연장, 최장 10년 이용 가능)

신혼부부전용 전세자금대출

대출 대상	• 부부 합산 연 소득 6,000만 원 이하 • 순자산가액 3억 2,500만 원 이하 무주택 세대주 신혼부부(혼인기간 7년 이내 또는 3개월 이내 결혼 예정자)
대출 금리	연 1.2~2.1%
대출 한도	수도권 3억 원, 수도권 외 2억 원 이내(임차 보증금의 80% 이내)
대출 기간	2년(4회 연장, 최장 10년 이용 가능)

주거안정월세대출

대출 대상	• 우대형: 취업 준비생 / 사회 초년생 / 희망키움통장 가입자 / 근로 장려금 수급자 / 자녀 장려금 수급자 / 주거 급여 수급자 • 일반형: 부부 합산 연 소득 5,000만 원 이하로, 우대형에 해당하지 않는 경우 • 공통: 부부 합산 순자산가액 3억 2,500만 원 이하
대출 금리	• 우대형: 연1.0% • 일반형: 연 1.5%
대출 한도	최대 960만 원(월40만 원 이내)
대출 기간	2년(4회 연장, 최장 10년 이용 가능)

청년전용 보증부월세대출

대출 대상	• 부부 합산 연 소득 5,000만 원 이하 • 순자산가액 3억 2,500만 원 이하 무주택 단독 세대주 만 19세 이상 만 34세 이하 청년
대출 금리	• 보증금: 연 1.3% • 월세금: 연 0%(20만 원 한도), 1.0%(20만 원 초과)
대출 한도	• 보증금: 최대 3,500만 원 이내 • 월세금: 최대 1,200만 원(월 50만 원 이내)
대출 기간	25개월(4회 연장, 최장 10년 5개월 이용 가능)

금리가 상승하면 은행의 대출 금리도 같이 오릅니다. 금리가 상승하는 시기에 주택도시기금은 저렴한 이자를 고정 금리로 받을 수 있기 때문에 대출 대상이라면 바로 갈아타는 것이 유리합니다. 대출 대상이 되는지, 한도가 얼마인지가 궁금하다면 주택도시기금 홈페이지(nhuf. molit.go.kr)의 '내집마련마법사'를 이용하여 전세 자금이나 구입 자금 등을 확인해 볼 수 있습니다.

46

고정 금리와 변동 금리,
나에게 더 유리한 방식은?

대출을 받기 전 가장 큰 고민이 고정 금리로 할지, 변동 금리로 할지 결정하는 것입니다. 사실 고정 금리든 변동 금리든 금리만 낮으면 크게 신경 쓰지 않지만, 2022년처럼 금리가 급격하게 높아진 시기에는 조금이라도 낮게 받는 것이 중요하겠죠. 고정 금리와 변동 금리에 대해 알아보고 어떻게 받는 것이 유리한지 알아보겠습니다.

고정 금리는 '대출 기간 약정한 금리가 일정한 수준으로 고정된 경우'를 말하고 변동 금리는 '대출 기간 중간에 금리가 바뀌는 경우'를 말합니다. 변동 금리는 3개월이나 6개월의 주기를 두고 시장의 기준 금리에 따라 조정됩니다.

일반적으로 금리가 올라갈 것이라고 예상된다면 고정 금리로 대출을 받는 게 좋고, 금리가 내려갈 것이라고 예상된다면 변동 금리로 받는 게 좋습니다. 즉 금리가 쌀 때는 고정 금리가 좋고, 금리가 비쌀 때는 변동 금리가 좋은 거죠. 2022년 12월 기준 대출 금리는 6~9%로 받을 수 있으며, 최근 들어 가장 많이 오른 금리입니다. 그러니 지금 대출을 받아야 한다면 변동 금리로 받는 것이 좋습니다. 금리가 더 올라갈 여지도 있지만, 이미 많이 올랐기 때문에 떨어질 확률이 더 높을 테니까요.

앞으로 점차 금리가 떨어져서 다시 2~3%의 저금리 시대가 온다면 고정 금리로 대출을 받는 것이 좋습니다. 한국은행 기준 금리 변동 추이를 봐도 금리가 올랐다가 다시 떨어지길 반복합니다. 즉 금리가 무한정 오를 수도 없고 금리가 무한정 떨어질 수도 없는 것이죠.

금리 상황에 따라 바뀌는 고정과 변동의 장단점

안심 전환 대출은 기존의 변동 금리 대출로 인하여 이자 부담이 커진 차주들을 대상으로 고정 금리 대출 상품으로 바꿔 주는 대출을 말합니다. 최저 3.8%~최고 4%로 대출 이자를 이용할 수 있으며, 기존 잔액 내에서 최대 3억 6,000만 원까지 대출받을 수 있습니다. 안심 전환 대출은 국민의 이자 부담을 줄이기 위해서 도입되었습니다. 이 안심 전환 대출을 보면 어떤 상황에든 고정 금리보다 변동 금리가 좋다고 생각할 수 있습니다.

일반적인 상황에서는 변동 금리보다 고정 금리가 조금 더 금리가 높습니다. 고정 금리가 이자를 더 많이 내는 겁니다. 금리가 계속 상승하는 상황이 되어야 고정 금리로 대출받은 사람이 유리해집니다. 고정금리 대출자는 금리 변동이 없어서 똑같은 이자를 내지만, 변동 금리 대출자는 금리 상승분만큼 이자를 더 내야 하니까요.

그런데 정부에서 변동 금리 대출자만을 대상으로 금리를 인하하여고정 금리 대출로 바꿔 주고 있습니다. 변동 금리를 쓰는 사람은 금리가 쌀 때도 이득을 봤는데 금리가 올라도 이득을 보는 상황이 되었습니다. 역차별이 발생하고 있으니 변동 금리가 무조건 더 좋은 것 같기도합니다.

결론은 고정 금리가 좋은지 변동 금리가 좋은지는 알 수가 없습니다. 가장 좋은 것은 대출 이율 자체가 낮은 정책 자금 대출 상품을 이용하는 것입니다. 정책 자금 대출은 저이율에 고정 금리 상품이기 때문입니다.

📋 금리 사용 설명서

대출 금리는 기준 금리에 가산 금리를 더하고 우대 금리를 차감하여결정됩니다. 대출 실행 후 3개월은 우대 금리 조건을 충족하지 않아도우대 금리 혜택을 받을 수 있습니다. 그래서 대출자들 대부분이 우대 금리 조건을 간과하고 3개월 이후부터 높은 이율로 대출을 사용하게 됩니다. 대출 금리 산출 문자를 받으면 우대 금리 혜택을 받지 못한 것이 무엇인지 꼭 확인하여 다음 번 금리 산출 때는 꼭 우대 금리를 받으세요. 금리 산출 내역은 각 은행 앱에서도 확인할 수 있습니다.

대출 금리 산출 문자 예시

[금리 산출 결과]
기준 금리: COFIX(신잔액 기준)(1.62%)
가산 금리: 4.291%
우대 금리: 급여 이체 유실적 감면(0.3%)
우대 금리: 신용 카드 결제 실적 감면(신용 카드 30만 원)(0.1%)
우대 금리: 자동 이체 유실적 감면(0.1%)
우대 금리: 적금 월 납입액 유실적 감면(0.1%)
우대 금리: 주택 청약 종합 저축 월 납입액 유실적 감면(0.2%)
우대 금리: 뱅킹 이체 유실적 감면(0.1%)
우대 금리: 3자녀 가구 감면(미해당)
본부감면금리: 1.21%
영업점장감면금리: 0.1%
결정 금리: COFIX(신잔액 기준)(1.62%)+2.081%=3.701%

47
신용이 곧
돈이다

　부자인 나에게는 성실한 친구 A와 불성실한 친구 B가 있습니다. A와 B 모두 갑자기 생활이 어려워져서 나에게 100만 원만 빌려 달라고 합니다. 친한 친구의 부탁이니 일단은 빌려주기로 마음먹습니다. 성실한 친구 A는 돈을 빌려줘도 잘 갚을 것 같지만, 불성실한 친구 B는 돈을 빌려주면 안 갚을 것 같다는 느낌이 강하게 듭니다. 그래도 친구니까 두 사람 모두에게 돈을 빌려주었습니다. 대신 성실한 친구는 믿음이 가니까 이자를 싸게 받고 돈을 빌려주었고, 불성실한 친구는 원금을 못 받을 것 같으니 일단 이자라도 많이 받자는 생각에 비싼 이자를 받기로 하고 돈을 빌려주었습니다. 참 잘한 결정이죠?

돈을 벌기 시작하자마자
신용 관리를 해야 하는 이유

은행도 부자인 나와 똑같습니다. 은행은 대출을 받으려는 고객의 신용 점수를 평가하여 신용 점수가 높으면 낮은 이율로 대출을 해 주고, 신용 점수가 낮으면 대출을 거절하기도 합니다. 더욱이 고객은 친구가 아니니까 객관적인 자료를 근거로 돈을 빌려줘야 합니다. 그래서 대출을 잘 받으려면 객관적인 자료인 신용 점수를 잘 관리해야 하는 것이죠. 많은 고객이 신용 점수에 관심이 없다가 갑자기 대출이 필요한 상황을 맞닥뜨립니다. 대출이 거절되거나 대출 이율이 높아지면 그제서야 신용 관리를 못한 걸 후회하는 경우가 많습니다.

신용 관리를 제대로 하지 못한 사례 중 하나가 사회 초년생이 차를 구매할 때입니다. 차를 살 때 자동차 판매 회사에서 해 주는 자동차 할부 대출을 하면 이것이 신용 점수를 많이 떨어뜨립니다. 자동차 할부 회사는 캐피탈 회사이고 캐피탈 회사는 3금융권이기 때문이죠.

1금융권에서 대출을 받지 못하면 2금융권, 3금융권에서 대출을 받아야 합니다. 대출 금리가 올라갈 수밖에 없습니다. 대출 가능 한도도 줄어들뿐더러 2금융권이나 3금융권에서 대출받는다는 것은 그만큼 상황이 안 좋다는 것으로 보입니다. 이렇게 계속해서 고금리의 이자를 내다 보면 대출에서 벗어날 수가 없게 되죠.

그래서 신용 점수 관리가 중요합니다. 예전에는 점수에 따라 신용 등급을 매겼으나 2021년 1월 이후 신용 등급 제도가 폐지되었습니다. 이제는 1,000점 만점의 신용 점수제로 평가합니다. 신용 점수를 좋게 유지하기 위해서는 꾸준한 금융 거래가 필요합니다. 보통의 사회 초년생은 금융 거래가 거의 없었기 때문에 신용 점수가 650~800점 이하로 매겨지는 경우가 많습니다. 그러니 사회 초년생이라면 주거래 은행을 정하고 그 은행 계좌로 급여를 받으며 체크 카드부터 사용하면 좋습니다. 만약 신용 카드 발급이 된다면 한도에 맞춰서 연체 없이 잘 사용하세요. 신용 점수 향상에 도움이 됩니다.

　나의 신용 점수는 신용 평가 회사 홈페이지에서 무료로 확인할 수 있습니다. 뱅크샐러드, 토스, 카카오뱅크 앱을 이용해서도 신용 점수를 확인할 수 있습니다. 신용 점수를 자주 확인한다고 해서 신용 점수가 떨어지지 않으니 주기적으로 확인하면서 나의 신용 점수를 높게 유지하도록 관리하면 좋습니다. 또한 토스, 카카오뱅크, 뱅크샐러드 앱에서 '신용 점수 올리기'라는 서비스를 제공합니다. 통신 요금, 건강 보험, 국민 요금 등을 성실하게 납부하고 있다면 이를 제출하여 신용 점수 향상을 요청할 수 있습니다.

💰 금리 사용 설명서

무료 신용 조회 사이트
- 나이스지키미

인터넷 검색창에 '나이스지키미(redit.co.kr)' 검색→체험하기→전 국

민 신용 조회 신청→전 국민 무료 신용 조회 신청

- 올크레딧

인터넷 검색창에 '올크레딧(allcredit.co.kr)' 검색→전 국민 무료 신용 조회→열람하기→신용 점수 확인

48

어떻게 대출 금리를
저렴하게 받을까?

대출 금리를 싸게 받기 위해서 우선은 정부나 공공 기관에서 지원해 주는 대출이 있는지부터 확인해야 합니다. 기준 금리가 0.5%였던 저금리 시대에는 정부 지원 대출이나 은행 대출이나 이율 차이가 크지 않았습니다. 하지만 지금처럼 금리가 높은 시기에는 최대한 정부 지원 대출을 받는 게 유리합니다.

대출 금리를 낮추는 방법
여섯 가지

첫 번째, 내가 정부 지원 대출 대상자인지 확인해 봅니다.

버팀목전세자금대출이나 내집마련디딤돌대출처럼 대출 자격 요건에 충족한다면 해당 대출 상품으로 대출을 받는 것이 유리합니다. 저렴한 고정 금리를 이용할 수 있기 때문입니다. 이러한 정책 자금 대출은 나의 신용 등급 상태와 무관합니다. 물론 기존에 받은 대출이 연체되어 있거나 신용 회복 등으로 인하여 대출이 불가한 사람은 제외됩니다.

두 번째, 신용 점수를 잘 관리해야 합니다.

앞서 설명 드렸듯이 신용 점수가 높은 사람은 대출 금리가 낮아집니다. 대출 심사 결과, 대출을 상환할 능력이 있다고 판단되면 은행에서도 대출 이자를 싸게 해 주고 대출 한도도 많이 지원합니다. 신용 점수는 금융 거래 실적으로 판단됩니다. 주거래 은행을 정해서 급여를 받고 공과금 등 자동 이체를 등록하여 연체가 발생하지 않도록 합니다. 신용 카드는 한두 개를 사용하며, 현금 서비스는 되도록 이용하지 않는 게 좋습니다.

세 번째, 2, 3금융권에서 대출을 받지 않고 1금융권에서 대출을 받습니다.

1금융권에서 대출이 되지 않을 경우 차선책으로 2금융권 대출을 받습니다. 이 생각이 기본으로 확립되어 있어야 합니다. 1금융권은 시중 은행을 말합니다. 농협은행, 신한은행, 국민은행 등 '은행'이 들어가면 시중 은행이라고 보면 됩니다. 카카오뱅크와 토스뱅크도 1금융권에 해당합니다. 2금융권은 지역 농·축협, 새마을금고, 저축 은행 등이 해당합니다. 2금융권은 1금융권보다 대출이 잘 이루어지는데 문턱이 낮은 만큼 대출 이자도 많이 내야 합니다. 3금융권은 수신 업무가 제한되는 캐피탈 회사나 대부업체입니다.

- 1금융권: 시중 은행
- 2금융권: 저축 은행, 새마을금고, 지역 농·축협, 산림 조합
- 3금융권: 대부업체, 캐피탈

네 번째, 대출 기간을 짧게 하고 대출 한도를 적게 받습니다.

대출 기간에 따라서 이율이 달라집니다. 상환 기간이 길어지면 금리가 높아지며 기간이 짧으면 금리도 낮아집니다. 대출 기간을 짧게 하고 대출 금액도 적게 받으면 좋습니다.

다섯 번째, 대출 용도에 맞는 상품을 선택합니다.

신용 대출의 경우 마이너스 통장보다 일시 상환 대출이 금리가 저렴합니다. 일시 상환 대출은 대출이 되면 통장에 돈이 입금됩니다. 즉 대출 실행 날짜부터 이자가 계산됩니다. 마이너스 통장은 쓰지 않으면 이자가 계산되지 않습니다. 은행은 일시 상환 대출이든 마이너스 통장이든 충당금을 내야 하는데요. 마이너스 통장으로 한도를 설정한 사람이 대출을 쓰지 않으면 은행 입장에서는 손해입니다. 그래서 일시 상

환 대출이 마이너스 통장보다 대출 금리가 저렴한 것입니다.

고객도 어차피 돈을 바로 써야 한다면 일시 상환 대출로 받는 것이 이율이 낮기 때문에 유리합니다. 다만 언제 쓰고 갚을지 알 수 없고, 단기간만 쓰고 갚을 상황이라면 마이너스 통장이 좋습니다. 일시 상환 대출의 경우에는 일정 기간 대출을 쓰지 않고 중간에 상환하면 중도 상환 수수료를 내야 하는 경우도 있으나 마이너스 통장은 중도 상환 수수료가 없습니다.

여섯 번째, 우대 금리 조건을 꼭 챙깁니다.

대출이 실행되고 3개월까지는 우대 금리 조건을 충족하지 않아도 최초 금리로 이자를 납부합니다. 하지만 3개월이 지나면 우대 금리 조건을 충족했는지를 확인하여 약정 조건을 유지하지 않으면 우대 금리 혜택을 받지 못합니다. 그럼 당연히 이자가 올라갑니다. 따라서 우대 금리 조건은 대출 실행일부터 충족할 수 있도록 자동 이체 등을 설정해 놓고, 카드 사용 실적도 체크해야 합니다.

🔊 금리 사용 설명서

대출은 전화나 문자로 안내하지 않습니다. 최근 '정부 지원 대출', '긴급 생활 지원금'이라는 내용으로 사기 문자가 지속적으로 발송되고 있습니다. 저금리로 채무를 대환해 주거나 생계 유지 자금, 전월세 보증금, 주부 지원 대출을 해 준다고 하면서 취급 기관을 기획재정부, 농협은행, 카카오뱅크 등으로 다양하게 속이고 있습니다. 대출해 주겠다는 내용의 문자는 전부 사기라는 것을 기억하세요. 특히 부모님에게 대출 사기 문자를 꼭 보여드리고 사기당하지 않도록 예방하는 것이 중요합니다.

49

대출 금리를
인하할 수 있는 줄 몰랐다면

　기준 금리가 올라서 대출 금리도 올랐으니 은행에서 금리를 올리면 올렸지, 인하는 안 된다고 생각하는 분이 많습니다. 대부분은 기준 금리가 오르면 대출 금리도 올라갑니다. '대출 금리=기준 금리+가산 금리'이기 때문이죠. 하지만 대출받은 내가 승진을 하거나, 다른 대출금을 상환했거나, 신용 관리를 잘해서 신용 점수가 올라갔다면 은행에 대출 금리를 인하해 달라고 요청할 수 있습니다. 바로 '금리 인하 요구권'입니다.

　금리 인하 요구권이란 '대출 등의 계약을 체결한 자가 재산 증가나 신용 등급 또는 개인 신용 평점 상승 등 신용 상태의 개선이 인정되는 경우에 금리 인하를 요구할 수 있는 권리'입니다. 즉 대출받은 사람의 신용 상태가 금리에 영향을 줄 수 있는 대출은 금리 인하 요구가 가능하고, 신용 상태와 무관한 대출은 금리 인하 요청이 불가합니다.

금리 인하 요구 대상은 주택 담보 대출, 신용 대출 등이고, 예적금 담보 대출, 중도금 대출, 이주비 대출, 정책성 자금 대출 등은 금리 인하 요구 비대상이니 참고하세요.

금리, 요청하고
갈아타서 내리기

개인이 주로 받는 대출은 주택 담보 대출과 신용 대출이기 때문에 금리 인하 요구 신청 사유에 해당하면 금리 인하 요구를 해도 좋습니다. 금리 인하 요구 신청 사유는 소득이나 재산이 증가하여 대출자의 재무 상태가 개선된 경우나 신용 평가 회사의 개인 신용 평점이 상승한 경우입니다. 취업이나 승진을 하면 급여를 받거나 소득이 증가하기 때문에 금리 인하를 요구할 수 있죠.

2022년 8월 30일 전국은행연합회 자료에 따르면 가계 대출 금리 인하 요구권 수용률은 NH농협은행이 60.5%로 가장 높습니다. 이어서 우리은행 46.1%, KB국민은행 37.9%, 하나은행 32.3%, 신한은행 29.0%로 대출자의 요구를 처리해 주었습니다. 2022년 상반기 중 전 은행권의 금리 인하 요구 신청 건수는 가계 대출과 기업 대출을 합쳐 약 88만 9,000건이고, 이 중 약 22만 1,000건이 수용되어 총 729억 원의 이자가 감면되었습니다. 즉 금리가 높다고 투덜대기만 하는 사람과 적극적으로 금리 인하 요구를 신청 한 사람 중 혜택을 받은 사람은 후자입니다. '나 이번에 승진했으니까 은행이 알아서 내 금리를 내려 주겠지' 하며 기다리지 말고 행동하셔야 합니다.

주택 담보 대출을 변동 금리로 받은 상태라면 급격한 기준 금리 인상으로 대출 이자가 부담스러울 수 있습니다. 이런 경우에는 안심 전환 대출을 이용하여 고정 금리로 갈아타는 것이 좋습니다. 금리가 계속 오르다 보니 주택 담보 대출 금리를 6~7%로 사용하고 있는 분이 많은데요. 안심 전환 대출을 이용하면 최저 3.7%에서 최대 4%의 금리로 대출 이자를 낼 수 있습니다. 3% 정도 금리를 낮추면 대출 금액이 1억 원일 때 연간 300만 원이 절약되죠.

안심 전환 대출을 받으려면 부부 합산(미혼인 경우 단독) 소득이 최대 1억 원 이하여야 합니다. 소득이 1억 원을 초과하면 안심 전환 대출로 갈아탈 수 없습니다. 주택 가격은 시세 기준 4억 원 이하이며, 1주택자만 신청이 가능합니다. 또한 기존 대출 잔액 내 최대 3억 6,000만 원까지만 취급 가능하며 LTV 70% 및 DTI 60%를 초과할 수 없습니다.

안심 전환 대출 금리

연, %

	10년	15년	20년	30년
기본	3.80	3.90	3.95	4.00
청년층	3.70	3.80	3.85	3.90

청년 기준 소득 6,000만 원 이하, 만 39세 이하.

금리 인하 요구는 은행 창구에 직접 방문하지 않고 인터넷 뱅킹이나 스마트 뱅킹으로도 신청할 수 있습니다. 재직 증명서나 소득 증빙 서류 등 금리 인하 신청 사유에 따른 제출 서류는 팩스나 우편으로도 제출이 가능합니다. 또한 신용 상태가 개선된 경우에는 신청 횟수나 신청 시점에 관계없이 금리 인하 요구를 할 수 있습니다.

50
금리 인상으로 힘든 자영업자라면

금리가 인상된다는 것은 물가가 올랐다는 것을 의미합니다. 중앙은행은 목표로 하는 물가 상승률보다 물가가 올라갈 경우 금리를 인상하여 물가를 낮추려고 하죠. 경제가 성장할 때 일정 범위 안에서 물가가 상승하고 금리가 인상되는 일은 좋습니다. 경제가 호황일 때는 소비자들이 돈이 많아져서 쓰는 돈이 많아지니 자영업자에게도 좋은 일입니다. 하지만 경기 침체가 오고 경제가 불확실할 때의 금리 인상은 소비자들의 지갑을 닫게 만들고 사업자들이 어려워질 수밖에 없습니다.

2022년 12월 통계청에서 발표한 '2022 가계금융복지조사'에 따르면 자영업자 가구의 평균 부채가 약 1억 2,381만 원이었습니다. 전년 대비 부채의 증가 폭도 상용 근로자나 일용직 근로자보다 자영업자가 4.4%

가구주 종사상 지위별 부채 보유액

단위: 만 원, %

		전체	상용 근로자	임시·일용 근로자	자영업자	기타 (무직 등)
평균	2021년	8,801	11,084	3,516	11,864	4,142
	2022년	9,170	11,450	3,444	12,381	4,310
	증감	368	366	-73	518	168
	증감률	4.2	3.3	-2.1	4.4	4.1

통계청 〈2022년 가계금융복지조사〉.

로 가장 높았습니다.

이는 코로나19로 사회적 거리 두기가 지속되는 동안 대출을 받아서 사업을 유지했기 때문입니다. 코로나19가 끝날 때까지만 버티자는 마음으로 대출을 받아 사업을 영위했지만 팬데믹이 지속되고 그 사이에 금리가 큰 폭으로 상승했습니다. 최초에 소상공인을 위한 대출은 금리가 저렴했지만, 금리가 상승함에 따라 대출 금리도 올라가니 이자 부담이 점점 더 커졌습니다.

자금이 긴급할 때 대출 자금은 사업을 원활하게 운영할 수 있도록 도와주지만, 사업이 개선되지 않으면 대출이 더 큰 문제를 초래합니다. 추가 대출을 받으면 받을수록 이자도 더 늘어나고, 원금 상환은 엄두도 낼 수 없죠. 사업에 따라 차이는 있겠지만 일단은 손님이 와야 상품을 판매할 수 있는데, 사람들이 외부 활동을 시작하려고 해도 금리가 갑자기 올라가니 가계 소비가 줄일 수밖에 없었습니다. 결국 이러지도 저러지도 못하는 힘든 시기가 되었습니다.

자영업자가 살아야
나라가 산다

이러한 문제가 단순히 자영업자만의 문제로 국한되지 않습니다. 부채가 증가하면 자영업자의 원리금 상환이 어려워집니다. 이는 대출 연체로 이어지고, 연체가 많아지면 금융 기관의 부실이 증가합니다. 금융 기관의 부실이 확대되면 금융 시스템의 불안정성이 확대되며 결국 나라 전체에 심각한 경제 문제가 발생합니다. 그래서 금융 당국은 자영업자의 일상 회복을 위해 여러 제도를 도입하여 도움을 주고 있습니다.

코로나19로 인한 매출 감소로 피해가 발생했다면 '코로나 특례 보증' 제도를 이용하여 3억 원까지 대출이 가능합니다. 코로나19 피해를 입은 NCB 920점 이상의 고신용 소상공인은 1.5%의 금리로 3,000만 원 대출이 가능하며 중·저신용자의 경우에는 1,000만 원까지 지원받을 수 있습니다.

대출 금리를 낮추고 싶다면 취약차주 금리 경감 프로그램이나 저신용자 특화 대환 프로그램을 이용해 고금리 대출을 저금리로 전환할 수 있습니다. 또한 코로나19 방역 조치에 협조하다 불가항력적인 피해를 입어 대출 상환이 어렵다면 '새출발기금' 채무 조정 프로그램을 통해서 60~80% 원금 조정 및 이자 감면, 분할 상환, 추심 중단 등을 지원받을 수 있습니다.

금리 사용 설명서

코로나 19로 피해를 입은 자영업자, 소상공인을 위한 지원 대책이 계속 발표되고 있습니다. 정부 지원은 대출 금리도 저렴하고 보증료도 할인받을 수 있으니 자영업자라면 꼭 확인하는 것이 좋습니다.

맞춤형 종합 금융 지원 문의 및 상담 기관

기업은행(기은)	☎ 1566-2566(전국 627개 영업점)
신용보증기금(신보)	☎ 1588-6565(전국 109개 영업점)
기술보증기금(기보)	☎ 1544-1120
지역신용보증재단(지신보)	☎ 1588-7365
소상공인시장진흥공단	☎ 1357
한국자산관리공사(캠코)	☎ 1660-1378(전국 지역 본부 및 지사 26개소)
신용회복위원회(신복위)	☎ 1600-5500(전국 서민금융통합지원센터)

51
금리 때문에 파이어족과
멀어진 것 같다면

내가 보유한 자산의 수익률이 급상승하면서 많은 분이 앞으로도 이 상태가 계속 유지될 것으로 믿고 직장을 그만두며 파이어족이 되었습니다. 하지만 이후 물가와 금리가 올라가며 대부분의 자산이 하락했고, 생활비로 쓰기 위한 수입이 줄어들면서 다시 직장으로 복귀하는 사람들이 늘어나고 있습니다.

파이어족이란 'Financial Independence, Retire Early'의 앞 글자를 딴 말로 경제적 자립을 하여 조기 은퇴를 추진하는 사람을 말합니다. 보통 우리는 50~60대에 퇴직한다고 생각하는 경우가 많습니다. 파이어족은 20대부터 최대한 빠르게 은퇴 자금을 모으고, 노후 자금이 만들어지면 은퇴하여 자신이 하고 싶은 일을 하면서 사는 것을 말합니다. 파이어족은 보통 40대 전후로 은퇴하겠다는 목표를 가집니다.

파이어 운동은 1990년대 미국에서 처음 등장했습니다. 밀레니얼 세대에서 유행하기 시작한 파이어 운동은 일에 대한 불만족과 경제적 안정의 욕구가 높아지면서 고학력·고소득 계층을 중심으로 확산되었습니다. 이들은 20대부터 최대한 소비를 줄이고 저축을 늘려 노후 자금을 빠른 시간 내에 만들어 냅니다. 이처럼 파이어족은 불필요한 소비에서 벗어나 경제적으로 독립하여 누군가에게 종속되지 않고 자유롭게 살아가는 것이 목표입니다. 그래서 파이어족은 은퇴 후에도 오래된 차를 몰고 절약하며 사는 미니멀리즘을 추구합니다.

왜 성공한 파이어족이 되고 싶었을까?

그런데 우리나라에서 파이어족은 그 의미가 많이 달라진 것 같습니다. 물론 원래의 의도대로 파이어족을 추구하는 분도 있겠지만, 한국에서의 파이어족이란 단기간 내에 부자가 돼서 남은 삶을 여유롭게 사는 것을 의미하는 것 같습니다. 즉 직장 생활을 하며 모은 종잣돈으로 투자를 잘해서 부자가 된 다음 은퇴하여 경제적인 자유를 만끽하며 사는 게 파이어족이라고 오해하고 있습니다. 이런 오해는 파이어족을 소개하는 영상과 뉴스 기사들이 돈을 많이 벌고 난 뒤 은퇴한 사람들을 주로 보여 주었기 때문입니다.

그래서 한국에서 파이어족이라고 일컫는 사람들 중에는 지속적으로 유튜브, 강연, 블로그, 출판 등을 하는 경우가 많습니다. 직장만 그만두었다뿐이지 계속해서 일하고 있죠. 물론 유튜브나 강연을 하고 싶어서 회사를 그만두는 분도 있을 겁니다. 다만 이러한 한국판 파이어족은 진정한 의미의 파이어족이 아니라 단순히 돈을 많이 번 성공한 투자자라고 생각합니다. 유튜브를 하거나 주식이나 비트코인 투자를 계속하고 있다면 단지 직업을 바꾼 것에 불과합니다. 다음 질문에 답해 보세요.

- 생활에서 꾸준한 절약과 미니멀리즘을 실천하고 있습니까?
- 일을 전혀 하지 않아도 기대 수명까지 경제적 문제가 발생하지 않을 예정입니까? (근로뿐만 아니라 주식 투자, 부동산 임대업 등 또한 노동으로 본다.)
- 주식 투자, 부동산 임대, 간단한 알바 등 취미로 소일거리를 하고 있는 경우, 일로 인한 소득이 전혀 없어도 여전히 경제적 자립이 가능합니까?
- 위험 자산(수익률 5% 이상)에 투자하지 않아도 경제적 자립에 문제가 없습니까?
- 조기에 은퇴를 했습니까? (보통 만 49세 이전)

파이어족의 핵심인 절약하며 안정적인 삶을 살고자 한다면 파이어족에서 직장인으로 회귀하지는 않을 겁니다. 경제적으로 여유로운 한국판 파이어족을 실현하려 했던 분들이 자산 가격이 하락하면서 어쩔 수 없이 다시 직장에서 일하게 되는 것이지요.

현재 한국판 파이어족은 부동산이든 가상 화폐든 투자해 두어서 자산 가격이 하락했다고 걱정할 만큼 경제적으로 어려운 상황은 아닐 겁니다. 파이어족을 그만두고 다시 직장 생활을 하며 돈을 번다고 해서 누가 뭐라고 할 사람은 없고요. 제가 말씀드리고 싶은 바는 파이어족을 원하는 분이든, 경제적 자유를 원하는 분이든 진정한 은퇴라면 경제 상황이 어떻게 변화하든 생활하는 데 문제가 없어야 한다는 것입니다.

즉 자산을 적절히 배분하여 투자하고, 수입이 지속적으로 만들어지도록 해야 하며, 투자 자산의 포트폴리오를 다양하게 구성해야 한다는 것입니다. 몰빵 투자는 손해를 볼 수도 있지만 수익이 나면 큰 수익을 낼 수 있습니다. 중요한 건 수익이 났을 때 실제로 실현해야 수익으로 남는다는 것입니다. 부동산 가격이 급격하게 상승할 때 집을 판 사람만이 돈을 벌었습니다. 내가 거주하고 있는 집의 집값이 올라 봤자 세금만 많이 낼 뿐입니다. 주식 투자도 마찬가지입니다. 주식도 올라갔을 때 매도하여 수익을 실현해야지 올라가는 것에 취해 있다면 나도 모르는 사이에 마이너스가 되어 있을 수 있습니다.

🛒 금리 사용 설명서

파이어족을 추구하지 않더라도 노후에 쓸 자산을 마련해 놓는 것은 중요합니다. 실거주가 아닌 투자로써 부동산을 보유한 분이라면 일단은 기다리는 것이 중요하겠습니다. 물가 상승률의 폭이 감소됨에 따라 빠르면 2023년 하반기부터는 금리가 떨어질 수 있습니다. 금리가 떨어지면서 주택 구입 수요가 점차적으로 늘어나면 부동산 가격도 회복될 수 있죠.

52

금리 상승기에 자산 포트폴리오는 어떻게 바꿔야 할까?

금리가 2022년을 기점으로 크게 변화했습니다. 2022년 이전을 저금리 시대라고 한다면 2022년 이후는 고금리의 시대로 볼 수 있습니다. 2022년 금리가 오르고 있는 상황에서 경제적으로 어떤 변화가 있었는지를 확인해 본다면 앞으로 금리 상승기에 자산 포트폴리오를 어떻게 구성해야 할지 판단할 수 있습니다.

기준 금리가 오를 때 함께 오르는 것은 예금 금리, 대출 금리, 채권 금리, 환율, 원자재 가격 등이 있습니다. 기준 금리가 오르지만 반대로 내려가는 것은 주식, 채권 가격, 가상 화폐, 부동산 등이 있습니다. 물론 약간의 차이는 있습니다.

금리가 오르면	예금 금리↑ 대출 금리↑ 채권금리↑ 환율↑ 원자재↑
	주식 시장↓ 채권 가격↓ 가상 화폐↓ 부동산↓

1) 대출

금리가 오르면 은행의 금리도 오르기 때문에 대출 금액부터 상환해야 합니다. 일반적으로 예금 금리보다 대출 금리가 높기 때문에 대출을 보유 중이라면 대출 상환을 하는 것이 좋습니다. 다만 주택 담보 대출의 경우 싼 이자를 고정 금리로 받았다면 먼저 상환할 필요는 없습니다. 대출은 상품마다 금리가 다르기 때문에 금리가 가장 높은 것부터 상환하는 것이 좋습니다.

2) 현금

현금을 보유 중이라면 정기 예금에 가입하여 안전하게 이자 수익을 가져가면 좋습니다. 금리가 계속해서 오르는 시기에는 금리 상승분이 반영되도록 회전 정기 예금에 가입하거나 정기 예금 가입 기간을 짧게 가입하면 좋겠죠. 또한 저축성 보험 상품 중 높은 이율의 확정 금리 상품이 나온다면 가입해도 좋습니다.

3) 채권

채권 가격은 하락하지만 채권 금리는 올라가기 때문에 만기에 이자를 받을 수 있는 채권을 매입하거나 채권형 펀드, 파생 결합 사채(ELB)

에 투자합니다. 특히 파생 결합 사채는 만기가 짧고 정기 예금 금리보다 높게 유지되어 단기 투자에 적합합니다.

금리가 오르면 채권 가격은 떨어집니다. 앞으로 금리가 더 올라가기는 쉽지 않을 것으로 예상합니다. 따라서 채권 금리는 다시 하락할 것이고 이때 채권 가격으로 수익을 낼 수 있습니다. 국채 10년 인덱스 펀드나 해외 중장기 채권에 투자하는 펀드를 매입하면 앞으로 좋은 수익을 기대할 수 있을 것입니다.

4) 환율

환율의 경우 금리가 오른다고 하여 꼭 오르는 것이 아님을 환율과 금리의 관계로 설명드렸습니다. 다만 금융 위기같이 전 세계적으로 경기가 안 좋아지거나, 러시아-우크라이나 전쟁 같은 위험 요소로 경제가 불안정해지면 달러값이 올라가게 됩니다. 미국 연준의 기준 금리 인상으로 인해 경기 침체가 시작되면 달러의 수요가 다시 올라갈 수 있습니다. 안전 자산의 하나인 달러를 매입하여 외화 예금이나 달러 ETF에 투자할 수 있습니다.

5) 원자재

금리가 올라 원자재 가격이 상승했다고 보기보다는 원자재 가격이 금리 상승에 영향을 주었다고 보는 것이 맞습니다. 러시아-우크라이나 전쟁으로 원자재 가격이 상승하면서 원자재 수급이 어려워져 제품 생산에 차질이 발생하고, 공급이 줄어드니 물가 상승으로 이어졌습니다. 물가 상승은 금리 상승으로 연결됩니다. 결국 전쟁이 지속된다면 물가 상승은 계속 이어질 수 있습니다.

6) 주식

금리 상승으로 주식 시장이 하락했습니다. 앞으로 금리가 더 인상된다면 주식 시장도 더 하락할 수 있습니다. 그렇다면 인버스 ETF나 인버스 펀드에 가입하여 주식 시장 하락에서도 수익을 낼 수 있습니다. 반면 주식 시장이 전년도 대비 많이 하락했으므로 앞으로 금리가 인하하면 반등할 수 있습니다. 저평가된 종목을 매수하거나 코스피 또는 S&P500 지수를 추종하는 ETF를 매입, 레버리지 인덱스 펀드를 적립식으로 납입하며 기다리는 방법도 좋습니다.

7) 가상 화폐

가상 화폐 시장은 매우 복잡합니다. 금리가 오르면서 가상 화폐 시장도 떨어졌으나 저점이라고 판단하기도 어렵고 향후 금리가 내린다고 해서 가상 화폐 시장이 상승할 것으로 예측하기도 어렵습니다. 다만 테라 루나 사태, 세계 4위의 암호 화폐 거래소 FTX의 파산 신청, 위믹스 코인 상장 폐지, 주기적으로 발생하는 암호 화폐 해킹 등은 악재로 작용할 수 있습니다. 따라서 가상 화폐 투자는 매우 조심스럽게 접근하는 것이 좋겠습니다.

8) 부동산

부동산 시장은 대출 이자의 부담으로 침체기를 겪고 있습니다. 부동산 시장이 앞으로 더 떨어질 것으로 예상되기 때문에 투자자는 조금 더 기다리면서 좋은 물건을 선별하는 것이 좋습니다. 실제 거주를 목적으로 하는 무주택자라면 청약 시장에 관심을 두어도 좋겠죠. 청약 당첨 후에 입주까지는 2~3년 정도 소요되는데, 부동산 침체로 주변보다 상대적으로 저렴하게 분양되는 아파트라면 프리미엄도 기대할 수 있습니다. 참고로 부동산에 관심이 멀어지는 금리 상승 시기에는 청약 당첨 확률이 함께 높아집니다.

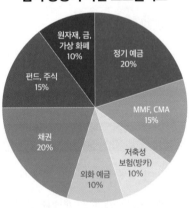

금리 상승기 자산 포트폴리오

- 정기 예금(20%): 현재 정기 예금은 1년 단위로 가입하는 것이 좋습니다. 시중 은행 이외에는 예금자 보호 내에서만 가입하세요.
- MMF, CMA(15%): 현금 보유의 의미입니다. 주식과 부동산 투자

를 위한 예비 자금을 마련하세요.

- 저축성 보험(방카)(10%): 확정 금리 상품으로 가입하면 좋습니다. 3~5년을 추천합니다.

- 외화 예금(10%): 달러와 엔화의 목표 환율을 정해서 도달 시 환매하세요.

- 채권(20%): 금리 하락 시 수익 확정, 국내외 채권형 펀드와 파생 결합 사채(ELB)에 투자할 수 있습니다.

- 펀드, 주식(15%): 레버리지 인덱스 10%와 인버스 펀드에 5%씩 투자, 인버스 펀드는 목표 수익 확정 시 즉시 환매해야 합니다.

- 원자재, 금, 가상 화폐(10%): 선호에 따라 투자하세요. 가상 화폐는 매우 신중하게 생각하길 바랍니다. 원자재와 금은 펀드나 ETF로 투자가 가능합니다.

🎬 금리 사용 설명서

자산 포트폴리오의 가장 중요한 부분은 현금입니다. 현금을 보유하고 있어야 주식의 저점 매수, 급매 부동산 매입이 가능합니다. 현금에는 정기 예금, MMF, CMA만 포함해야 합니다. 자산 포트폴리오는 본인의 상황에 맞춰 조정하는 것이 중요합니다.

53
금리 하락기에 자산 포트폴리오는 어떻게 바꿔야 할까?

신규 직원 시절 저에게 금리란 '4.5'였습니다. 주택 청약 종합 저축도 4.5%, 정기 예금도 4.5%, 정기 적금 상품도 4.5%를 주던 시기였다는 뜻이죠. 그런데 언젠가부터 4.5%의 금리가 깨졌습니다. 금리가 계속 내려가는 그때 옆자리 직원에게 "금리가 계속 내려가니까 정기 예금을 재예치하기가 어려워요. 고객들도 불만이 많습니다"라고 말했던 기억이 있습니다. 돌이켜 보면 그때가 바로 투자를 시작할 때였는데 몰랐던 겁니다. 수신 창구에서 일하는 신입 행원의 좁은 시야로만 생각했던 것이죠. '그때 부동산 투자에 대해 알았더라면' 하는 후회와 경험이 있기에 지금은 후회를 기회로 만들 시기가 바로 금리가 내려가는 시점이라는 것을 잘 알고 있습니다.

기준 금리가 내려갈 때 함께 내려가는 것은 예금 금리, 대출 금리, 채권 금리, 환율, 원자재 가격 등이 있습니다. 기준 금리가 내려갈 때 반대로 올라가는 것은 주식 시장, 채권 가격, 가상 화폐, 부동산 등이 있습니다. 당연히 약간의 차이는 있습니다.

금리가 내리면	예금 금리↓ 대출 금리↓ 채권 금리↓ 환율↓ 원자재↓
	주식 시장↑ 채권 가격↑ 가상 화폐↑ 부동산↑

앞서 부동산 투자에 대해 후회한다는 이유가 대출 금리 때문입니다. 금리가 내리면 대출 금리도 내려갑니다. 그때 금리가 내려간 시점에는 대출은 전혀 받지 않았고 생애 최초 특별 공급 청약이 가능한 상황이었습니다. 내집마련디딤돌대출을 받으면 저금리 대출도 가능했죠.

1) 부동산

기준 금리를 내리기 시작할 때 무주택자에게는 본격적으로 투자할 기회입니다. 신규 직원 시절의 저처럼 금리가 내려가서 정기 예금 이자가 적다고 한탄할 것이 아니라 대출 금리가 내려가니 이제 투자를 하고 내 집 마련을 할 때로 생각하면 됩니다. 물론 부동산 시장이 단기간 내에 좋아져서 큰 수익을 낼 수 있다는 것은 아닙니다. 향후 2~3년간은 부동산 침체기로 볼 수 있습니다. 대출 금리가 높아 부동산 구입에 대한 부담도 있고, 지역에 따라 차이는 있으나 아파트 입주 예정 물량도 매우 많습니다. 수도권의 경우 2022년 15만 4,489가구에 이어 2023년에도 15만 6,463가구의 새 아파트가 쏟아질 예정입니다. 수요 대비 공급이 많아지면 가격이 떨어질 수밖에 없죠. 아무도 관심을 갖지 않고, 집값이 더 떨어질까 봐 집 사는 것에 대한 고민이 많아질 때가 투자의 적기입니다. 집도 쌀 때 사야 합니다.

2) 채권

금리가 내려가면 채권 금리가 내려가는 반면 채권 가격은 상승합니다. 즉 금리 인상기에 투자했던 채권 상품을 매도할 시기라 할 수 있습니다. 직접 매입한 채권은 만기까지 보유하여 만기 이자를 받으면 되고, 채권형 펀드나 채권 ETF는 환매하여 수익을 확정하는 것이 좋습니다.

3) 달러

기준 금리가 내려간다고 해서 환율이 꼭 내려가지는 않습니다. 다만 미국에서 기준 금리를 인하한다면 금융 시장에 달러 공급이 많아질 것입니다. 달러도 수요와 공급의 법칙에 따라 공급량이 많아지면 가격이 하락하게 됩니다. 따라서 환율이 더 떨어지기 전에 환차익을 보고 파는 것이 좋고, 반대로 달러값이 내려가면 일부 매입해서 향후 환율이 오를 때를 기다리면 됩니다. 달러 투자의 핵심은 쌀 때 사서 보유하는 것입니다.

4) 주식

주식 시장은 금리가 내려감으로써 차츰 회복될 것입니다. 금리가 높을 때 주식 시장이 안 좋았으니까 금리가 내려가서 주식 시장으로 돈이 몰리기 시작하면 상승장이 펼쳐질 것입니다. 그래서 채권이든 달러든 수익이 났다면 팔아서 현금을 보유하고 이 현금을 주식 시장에 투자하면 큰 수익을 낼 수 있습니다. 또한 주식 시장이 안 좋을 때 미리 투자해 놓았던 인덱스 펀드나 ETF도 환매로 수익을 확정 짓는 것이 중요합니다. 금리가 내려가면 배당주와 성장주에 관심을 갖기 시작하면 됩니다. 이때 분할 매수와 적립식 투자로 접근하면서 목표 수익률에 도달하면 환매합니다.

5) 예금

기준 금리가 내려가면 예금 금리도 내려갑니다. 예금 금리가 내려가면 자연스럽게 정기 예금의 인기도 줄어드는 데요. 금리가 낮아지면 명목 금리와 실질 금리를 따지면서 자산 가치가 낮아지니 은행에 넣어 두면 바보 취급을 받기도 합니다.

이 말은 맞기도 하고 틀리기도 합니다. 금리가 낮아지면 정기 예금 이자 수익은 작아집니다. 반면 주식 시장과 부동산은 차츰 오르기 시작합니다. 그러니 정기 예금이 아닌 펀드에 투자하면 더 큰 수익을 낼 수 있습니다. 하지만 정기 예금은 단순히 이자만 생각해서는 안 됩니다. 정기 예금은 현금이며, 저금리 상황이든 고금리 상황이든 현금 보유는 자산 포트폴리오에서 가장 중요합니다. 예비 자금은 위험한 일이 발생했을 때와 정말 투자해야 할 시점에 이용할 수 있습니다. 앞으로 확실히 오를 주식이 있고 입지 좋은 부동산이 있는데 투자 자금이 묶여 있다면 할 수가 없겠죠.

6) 금, 원자재

원자재나 금의 경우에는 금리뿐 아니라 경기 상황에 따라 변동이 큽니다. 우선 금리를 내리기 시작한다는 것은 물가가 안정되었기 때문이거나 성장하기 위해서입니다. 그러니 원자재와 금은 저점인 상황에 맞춰서 매수하는 것이 좋습니다. 금도 달러처럼 안전 자산이기 때문에 위기 발생 시 금리에 상관없이 수익을 낼 수 있습니다. 따라서 일부 금액을 투자해서 보유하는 것도 좋습니다.

7) 가상 화폐

가상 화폐도 금리가 내려가면 반등할 확률이 높습니다. 다만 가상 화폐의 해킹, 가상 자산 거래소의 파산, 거래되던 코인의 갑작스러운 상장 폐지(위믹스, 테라) 등으로 가상 자산 투자가 쉽지 않다는 것을 알 수 있습니다. 가상 자산 중 비트코인은 달러처럼 자산 시장에서 기축 통화라 할 수 있습니다. 비트코인이나 블록체인 기술과 연계된 이더리움 등은 단기가 아닌 장기적인 관점에서 일부 보유하는 것은 좋다고 생각합니다.

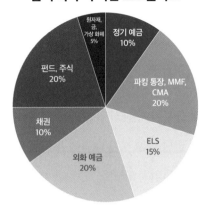

금리 하락 시 자산 포트폴리오

원자재, 금, 가상 화폐 5%
정기 예금 10%
펀드, 주식 20%
파킹 통장, MMF, CMA 20%
채권 10%
외화 예금 20%
ELS 15%

- 정기 예금(10%): 현재 정기 예금은 1년 단위로 가입하는 것이 좋습니다. 시중 은행 이외에는 예금자 보호 내에서만 가입하세요.

- 파킹 통장, MMF, CMA(20%): 현금 보유의 의미입니다. 주식과 부동산 투자를 위한 예비 자금을 마련하세요.

- 주가 연계 증권(ELS)(15%): 지수형 ELS에 투자하는 것이 좋습니다. 정기 예금의 2~3배 수익률로 조기 상환 가능성 높습니다.

- 외화 예금(20%): 목표 환율을 정해서 최대한 싸게 달러를 매입하세요.

- 채권(10%): 채권형 펀드에 적립식 투자를 할 수 있습니다. 파생 결합 사채(ELB), 정기 예금 금리와 비교하세요.

- 펀드, 주식(20%): 펀드는 인덱스 펀드, ETF 분할 매수 및 적립식 투자를 보고 주식은 배당주, 반도체 관련주를 살펴보세요.

- 원자재, 금, 가상 화폐(5%): 소액 투자를 하고 급상승 시 매도하여

수익을 확정 지으세요.

금리가 변화할 때가 투자에 관심을 가질 때입니다. 불황이 지속될 경우에는 불황이 언제 끝날지 모르기 때문에 투자를 해도 수익을 언제 볼 수 있을지 알 수가 없습니다. 금리를 인하할 때가 정부에서 경제에 변화를 주기 위한 시점이고, 이는 경제가 활성화하는 데 도움이 됩니다. 따라서 금리에 관심을 가지며 앞으로 오게 될 투자의 기회를 잡는 것이 중요합니다.

54
___
경기와 투자 시점을
알아보는 두 가지 방법

제가 근무하는 농협은행에서는 'WM살롱'을 운영하고 있습니다. WM살롱은 '직원인 내가 먼저 부자가 되어야 고객에게도 부자가 될 수 있는 길을 안내할 수 있다'는 의미로 진행되는 자발적인 스터디 모임입니다. WM살롱에서 가장 먼저 다루는 것이 3대 핵심 경제 지표입니다. 이는 경기, 물가, 금리를 말합니다.

경기 상황을 보여 주는
경기 선행 지수

경기를 알아보는 방법은 'OECD 경기 선행 지수'와 '제조업 PMI 지수'

를 알면 됩니다.

OECD 경기 선행 지수란 OECD에서 작성하는 지수로 '각 국가별, 지역별로 6~9개월 뒤 경기 흐름을 예측하는 지수'를 말합니다. OECD 지수를 보면 앞으로 경기가 좋아질지 나빠질지를 예측해 볼 수 있죠.

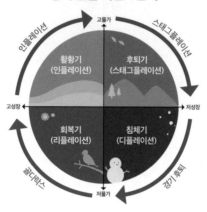

경기 순환 국면 4단계

경기는 항상 일정한 수준을 유지하는 것이 아닙니다. 활황기, 후퇴기, 회복기, 침체기 4단계의 경기 순환 국면을 반복하면서 끊임없이 변동합니다. 현재 경기가 어떤 상황인지 안다면 투자 시점을 예측할 수 있겠죠. 물려 있는 주식이 언제쯤 회복될지, 미국 주식에 투자할지 한국 시장에 투자할지도 생각해 볼 수 있습니다.

OECD 경기 선행 지수는 100이 기준입니다. 지수가 100보다 상회하면서 상승 추이에 있으면 확장 국면이라 볼 수 있습니다. 100을 상회하면서 하락 추이에 있으면 하강 국면입니다. 100을 하회하면서 하락 추이에 있으면 수축 국면입니다. 100을 하회하면서 상승 추이에 있으면 회복 국면으로 평가합니다. 글로 읽으면 이해가 어려우실 수 있을 테니 그래프를 보면서 설명해 보겠습니다.

한국과 미국 OECD 선행 지수

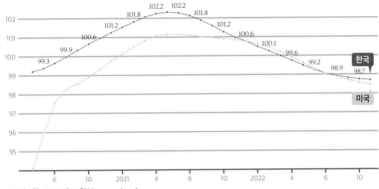

2020년 5월~2022년 10월(data.oecd.org).

2020년 5월은 99.3으로 100보다 아래 있고 상승 추이를 보여 회복 국면이라고 볼 수 있습니다. 2020년 10월은 100.6으로 100보다 위에 있고 상승 추이를 보이므로 확장 국면입니다. 2022년 11월은 98.7로 100보다 아래 있으면서 하강 추이를 보이니 수축 국면입니다. 즉 4단계 중 침체기에 있다고 볼 수 있습니다. 그래프를 보면서 아셨겠지만, 경기 선행 지수만 주기적으로 확인한다면 현재 경기가 좋은 상태인지, 나쁜 상태인지, 경기가 나빠지는 상태인지를 확인할 수 있죠. 그러니 이러한 지표를 공부함으로써 투자 시점을 예측해 볼 수 있습니다.

시장 흐름을 보여 주는
제조업 PMI 지수

세계는 이제 하나의 거대한 시장입니다. 중국에서 생산한 제품을 한국에서 소비하고, 한국에서 만든 자동차를 미국으로 수출합니다. 이렇게 생산을 담당하는 제조업 분야의 동향을 알면 경기 흐름을 알 수 있습니다. 제조업 구매 관리자 지수(PMI, purchasing managers' index)란 '기업의 신규 주문, 생산, 재고 등을 조사한 후 가중치를 부여해 수치화한 것'입니다.

미국은 ISM PMI 지수를 확인하고, 중국은 Caixin PMI 지수로 확인하면 됩니다. ISM PMI 지수는 미국 공급 관리자 협회에서 발간하는 제조업 구매 관리자 지수 보고서입니다. 매월 약 400개 기업의 구매와 공급에 관련된 임원들을 대상으로 한 설문 조사 결과를 토대로 산출됩니다. 중국의 Caixin PMI 지수는 중국 제조업 부문 활동을 전반적으로 조망할 수 있도록 설계된 종합 지표이며 전체 경제의 선행 지표 역할을 합니다.

PMI 지수는 50을 기준으로 50보다 높으면 제조업의 확장 및 경기의 긍정적인 상태를 의미합니다. 50보다 낮으면 제조업의 수축을 의미하며 부정적인 상황으로 해석할 수 있습니다. 우리나라는 수출 위주의 국가여서 제조업 자체보다 수출입이 더 많은 영향을 미칩니다. 따라서 PMI 지수를 가지고 경기를 판단 지표로 활용하기는 어렵습니다.

OECD 경기 선행 지수를 알아보고 싶다면 구글 검색창에 "OECD 경기 선행 지수"를 입력하세요. "Composite leading indicator(CLI)-OECD Data"에 접속합니다. 하단의 'Highlight countries'를 클릭하면 창이 뜨는데요. '한국', '미국', '중국'을 선택하고, 배경은 '없음'을 선택하면 세 나라의 선행 지표를 확인할 수 있습니다.

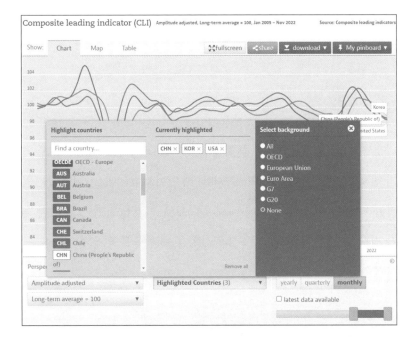

55
물가의 동향을 알아보는
두 가지 지표

앞서 3대 핵심 경제 지표 중 하나인 경기를 확인할 수 있는 OECD 경기 선행 지수와 제조업 PMI 지수에 대해 알아보았는데요. 이번에는 물가를 확인할 수 있는 지표에 대해 알아보겠습니다. 물가는 '소비자 물가 지수'와 '근원 물가 지수'로 경제 상황을 예측해 볼 수 있습니다.

물가로 경기를 파악할 수 있는
소비자 물가 지수

먼저 소비자 물가 지수(CPI, consumer price index)란 '가계가 일상 생활을 하기 위해 실제로 구입하는 상품과 서비스의 가격 변동을 조사하여 지수화한 것'을 말합니다. 소비자 물가 지수는 매월 통계청에서 작성하여 공표합니다. 최근에 공표된 소비자 물가 지수는 2020년의 소비자 물가 수준을 기준으로 458개의 상품 및 서비스 품목을 대상으로 조사하여 공표했습니다. 소비자 물가 지수는 100이 기준입니다.

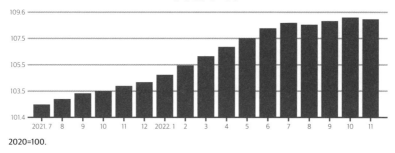

소비자 물가 지수가 중요한 이유는 경기를 판단하는 지표로 활용되기 때문입니다. 일반적으로 물가와 경기는 비례 관계를 보이는데요. 경기가 좋아질 때는 소득이 늘어나 소비자의 지출이 늘어나기 때문에 물가가 상승합니다. 반면에 경기가 안 좋아지면 소비가 줄어들기 때문에 물가가 하락하죠.

소비자 물가 지수는 통계청 홈페이지에서 확인할 수 있습니다. 9월 소비자 물가를 보면 전년 동월 대비 5.6%가 상승했고, 농산물과 석유류를 제외한 근원 물가가 전년 동월 대비 4.5%가 상승했네요. 2021년에 비해 2022년에는 물가가 많이 올랐다는 걸 확인할 수 있습니다.

통계청 소비자 물가 지수

	2017	2018	2019	2020	2021	2022. 7.	2022. 8.	2022. 9.
소비자 물가	1.9	1.5	0.4	0.5	2.5	6.3	5.7	5.6
농축수산물	5.5	3.7	-1.7	6.7	8.7	7.1	7.0	6.2
공업 제품	1.4	1.3	-0.2	-0.2	2.3	8.9	7.0	6.7
집세	1.6	0.6	-0.1	0.2	1.4	1.9	1.8	1.8
공공 서비스	1.0	0.2	-0.5	-1.9	1.0	0.8	0.8	0.7
개인 서비스	2.5	2.5	1.9	1.2	2.6	6.0	6.1	6.4
근원 물가	1.5	1.2	0.9	0.7	1.8	4.5	4.4	4.5
생활 물가	2.5	1.6	0.2	0.4	3.2	7.9	6.8	6.5

전년비, 전년동월비(%).

우리나라는 물가 상승률 목표를 2%로 하고 있습니다. 미국은 2%, 중국은 3%입니다. 목표치로 한 물가보다 물가 상승률이 높기 때문에 한국은행에서는 물가 상승률을 낮추기 위해서 기준 금리를 올리고 있습니다. 따라서 우리가 소비자 물가 지수를 확인한다면 앞으로 경기가 어떻게 변할지, 금리가 상승할지 하락할지 예상할 수 있고 앞으로의 투자 방향도 정할 수 있겠죠.

물가가 오를지 내릴지 파악할 수 있는 근원 물가 지수

근원 물가 지수(core consumer price index)란 '일시적인 외부 충격

에 의해 물가 변동이 심한 품목을 제외한 지수'를 말합니다. 물가 변동 결정 요인 가운데 농축수산물, 에너지, 공공요금 등 일시적이고 단기적인 요인을 빼고 금리, 통화량 등 통화 요인 때문에 일어난 근원적인 물가 변동을 보기 위한 것입니다. 소비자 물가 지수가 현재의 경제 상황을 보여 준다면 근원 물가 지수는 장기적으로 경제의 물가 수준이 어떻게 변동하는지를 파악하는 데 유용합니다.

근원 물가 비율

국가	2022년 10월	2022년 9월
중국	0.6	0.6
스위스	1.8	2
인도네시아	3.31	3.21
일본	3.6	3
남아프리카	4.7	4.4
대한민국	4.77	4.52
유로지역	5	4.8
프랑스	5	4.5
독일	5	4.6
이탈리아	5.3	5

트레이딩이코노믹스(2022년 10월 기준).

자료를 보면 2022년 10월 중국의 근원 물가 지수는 0.6이고, 한국은 4.77입니다. 중국은 변동이 없지만, 한국은 9월 대비 0.25%가 올라 있고 물가 상승률 목표치인 2%보다 높은 상태입니다. 이를 토대로 앞으로 중앙은행은 물가 상승률을 억제하기 위해 기준 금리를 올리겠다는 것을 예측해 볼 수 있습니다.

금리 사용 설명서

근원 물가 지수를 확인하면 앞으로의 경제 상황을 예측해 볼 수 있습니다. 근원 물가 지수를 확인하고 싶다면 트레이딩 이코노믹스 사이트에 접속하여 메뉴 'Indicators'에서 'More Indicators'를 클릭합니다. 'Prices' 항목에서 'Core Inflation Rate'를 클릭하면 국가별 근원 물가 지수를 확인할 수 있습니다.

56
겨울이 가면 봄이 오듯
경기는 순환한다

"Winter is coming."

세계 경제에 겨울이 오고 있습니다. 40년 만에 찾아온 심각한 인플레이션을 잡기 위해 투입된 과감한 금리 인상은 세계 경제를 혼란에 빠뜨렸습니다. 국제 통화 기금(IMF)은 〈2023년 세계 경제 전망〉에서 세계 경제 성장률이 2022년 3.2%에서 2023년 2.4%로 낮아질 것으로 예측했습니다. 만기가 되면 나에게 소소한 이자를 안겨 주던 고마운 금리가 지금은 세계 경제를 무섭게 뒤흔들고 있습니다.

2022년 미국 연준에서 기준 금리를 인상하기 전까지 지난 40년 동안 금리는 계속 하락했습니다. 일본과 유럽에서는 인류 역사상 처음으로 금리가 마이너스가 되기도 했습니다.

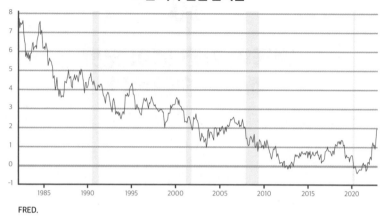

10년 미국 실질 금리율

FRED.

　우리는 그동안 저금리 시대에서 살아왔습니다. 금리가 낮은 시기의 세계 경제는 따뜻한 봄이었습니다. 금리가 낮으면 시장에 돈이 많아지고, 돈의 가치가 떨어집니다. 기업은 투자하고 연구하며 신상품을 개발하여 판매합니다. 신규 사업도 활발해집니다. 실리콘밸리에서는 빨리 실패하고 자주 실패하면서 그것을 기반으로 다시 도전하는데, 도전도 금리가 낮아 투자 자금을 쉽게 모집할 수 있으니 가능했습니다. 경제가 발전하고 산업이 성장하면 고용이 늘어납니다. 인상된 임금은 가계 소비를 증가시키고 기업은 더 성장합니다. 경제의 선순환으로 골디락스가 펼쳐집니다.

　하지만 낮은 금리의 돈은 부동산 시장과 주식 시장에도 흘러 들어갑니다. 투자가 아닌 투기가 진행되면 급격한 인플레이션이 발생하고 경기는 과열됩니다.

영원한 봄도
영원한 겨울도 없다

이제는 낮은 금리를 더 두고 볼 수가 없습니다. 부풀어 오른 풍선이 터지기 전에 바람을 빼야 합니다. 미국 연준은 금리를 올렸습니다. 그것도 아주 빠르고 강력하게 자이언트 스텝을 밟으면서 금리를 올렸습니다. 급격하고 빠른 금리 인상은 세계 경제에 큰 충격을 주고 있습니다.

금리를 올리면 금융 시장에 돈이 없어집니다. 기업은 사업을 운영하기 위한 자금 마련이 어렵습니다. 채권을 발행해도 투자자가 없습니다. 저금리로 빌려 투자했던 자금들의 이자가 이제 몇 배로 늘어났습니다.

가계도 마찬가지입니다. 많은 사람이 자기가 감당할 수 있는 금액까지 돈을 빌려 집을 매수했는데, 금리가 올라 버리니 원리금 상환액이 생활비의 절반을 넘겼습니다. 가계는 이제 버티기 위해 소비를 줄입니다. 소비를 줄이면 기업에서 생산한 제품은 창고에 쌓입니다. 팔지 못한 물건이 많아질수록 기업의 수익은 줄어듭니다. 기업은 이제 회사를 살리기 위해 인건비부터 줄입니다. 명예퇴직을 늘리고 직원을 해고합니다. 실직자들은 순식간에 늘어납니다. 소득이 없는 가계는 소비를 더 줄일 수밖에 없습니다. 악순환이 계속됩니다. 경기 침체가 오고 금융 위기로 확대됩니다.

세계 경제는 순환합니다. 금리가 변동하면 다음의 번호 순서대로 변화하며 ①에서 ⑭로, ⑭에서 다시 ①로 돌아갑니다.

금리 변동이 세계 경제에 미치는 영향

① 연준 기준 금리 인하
⑧ 물가 상승 시
   기준 금리 인상

③ 부동산 가격 상승
⑩ 부동산 가격 하락

⑥ 경기 부양

⑦ 물가 상승

⑤ 투자, 소비 증가
⑫ 투자, 소비 감소

② 장기 금리 인하
⑨ 장기 금리 인상

④ 주식 가격 상승
⑪ 주식 가격 하락

⑬ 경기 침체

⑭ 물가 하락

중앙은행이 기준 금리를 내리면 장기 금리가 내려갑니다. 금리가 내려가면 부동산 가격과 주식 가격도 상승합니다. 투자와 소비가 증가합니다. 경기가 좋아지며 물가가 상승합니다. 물가가 오르기 시작하면 중앙은행은 기준 금리를 인상합니다. 기준 금리가 오르면 장기 금리가 올라갑니다. 금리가 오르면 부동산 가격과 주식 가격도 하락합니다. 투자와 소비는 감소하고 경기 침체로 이어집니다. 물가가 하락합니다. 중앙은행은 다시 기준 금리를 인하합니다.

지난 40년간 금리가 낮은 세상에서 살다가 갑자기 금리가 높아지니 혼란스럽고 두렵습니다. 겨울은 오고 있습니다. 따뜻한 봄이 지나가면 더 매섭고 추운 겨울이 오기 마련입니다. 중요한 건 겨울도 언젠가는 지나간다는 사실입니다. 겨울이 지나가고 나면 봄은 다시 돌아올 것입니다.

금리 변동에 따라 세계 경제는 변화합니다. 금리가 오르면 세계 경제는 후퇴하고 침체기를 겪습니다. 반면 금리가 내려가면 경기가 회복하며 활황기를 맞이합니다.

57
부자는
금리를 따라 움직인다

    드라마 〈재벌집 막내아들〉을 보셨나요? 대기업에 입사한 회사원이 재벌 3세들이 한 더러운 일들을 머슴처럼 청소해 주며 회사에서 인정을 받습니다. 재벌 가문에 신뢰를 받은 줄 알았지만 비자금을 운반하라는 지시를 받는 것과 동시에 배신당해 죽게 됩니다. 그런데 죽었다고 생각한 그 순간 대기업 그룹 회장의 막내 손자로 환생해서 재벌가의 삶을 살게 되는 이야기의 드라마입니다. 제가 재미있게 본 부분은 미래를 미리 알고 있어서 성남 분당의 땅을 매입하거나 IT 회사에 투자하여 막대한 돈을 번다는 것입니다.

    재벌집 막내아들처럼 미래의 정보를 갖고 있다면 우리도 쉽게 부자가 될 수 있을 겁니다. 앞으로 어느 지역이 발전할지, 어떤 종목이 상한

가를 달성할지 안다면 내일이 기다려지는 삶을 살 수 있을 겁니다. 하지만 우리는 미래를 알지 못하죠. 아쉽게도 내일 당장 어떤 종목이 오를지는 알 수 없습니다. 그러나 앞으로 경제가 어떻게 흘러갈지는 예측해 볼 수 있습니다. 우리가 지금까지 알아봤던 바로 금리로 말이죠.

부자가 가장 중요하게 생각하는 것

부자는 금리를 따라 움직인다고 합니다. 그만큼 금리에 예민하다는 뜻일 텐데요. 부자라면 금리에 예민해질 수밖에 없습니다. 이자 수익이 많으니까요. KB금융그룹에서 〈2022 한국 부자 보고서〉를 발표했습니다. 한국 부자 보고서에 따르면 총자산이 100억 원 이상인 사람은 스스로를 부자라고 인정합니다. 남들이 볼 때도 '100억 원 정도는 가지고 있어야 부자다'라고 인정한다는 응답자가 27%였습니다. 총자산을 100억 원은 보유해야 '나도 이제 부자다'라고 말할 수 있다는 것이죠.

당신에게 순자산으로 100억 원이 있다면 어떻게 투자하시겠습니까? 저는 100억 원이 있으면 5% 정기 예금에 넣어 둘 것입니다. 100억 원의 5% 금리면 세전으로 1년에 5억 원의 이자를 받을 수 있죠. 한 달에 4,167만 원(5억 원÷12개월)을 받는 것입니다. 한 달에 4,000만 원을 어떻게 쓸까요? 홍청망청 쓸 수도 있겠지만, 통계청에서 발표한 4인 가족 월평균 가계 지출 금액인 540만 원을 쓴다면 매달 3,600만 원이 남습니다. 여기서 남는 금액을 다시 은행에 넣어 두면 내가 아무리 돈을 써도 돈이 다시 돈을 만들어 냅니다. 이렇기 때문에 진짜 부자는 금리에 민감할 수밖에 없는 것이죠. 100억 원의 1% 금리면 이자를 1년에 1억 원밖에 못 받을 테니까요.

그래서 부자는 위험하게 돈을 불리기보다 자신의 돈을 지키기 위해 자산 포트폴리오를 설계합니다. 위험을 감수하며 높은 이율을 주는 파생 상품보다 이율이 낮더라도 안전하게 내 자산을 불릴 수 있는 상품을 선택합니다. 제가 거래했던 VIP 고객들은 1~2%의 금리를 더 받는 것이 중요하지 않았습니다. 원금을 지키는 것이 핵심이었습니다.

하지만 저와 같은 일반 서민은 이야기가 달라집니다. 조금이라도 더 벌고 모아야 앞으로 지켜야 할 목돈을 마련할 수 있습니다. 안전한 투자처도 좋지만 위험이 좀 있더라도 수익률이 높은 상품에 관심이 가는 것은 당연한 일입니다. 또 그렇게 할 수밖에 없으며, 이것이 잘못된 투자는 아닙니다. 중요한 것은 수익률이 높다면 그만큼 위험성을 내포한 상품이라는 것을 인지하고, 상품에 대한 꼼꼼한 분석과 공부를 선행한 이후에 투자해야 한다는 것입니다.

값비싼 수업료를 치르고 얻은 투자의 교훈

최근에 낯선 번호로 이런 전화를 받았습니다.

"안녕하세요. 강남역 모델 하우스에서 연락드렸는데요. 실투자금 700만 원으로 매월 150만 원 이상의 월수입을 받아 보실 수 있는 현장이 있어요."

저는 이 말에 "네, 괜찮습니다"라고 답변했는데요. 바로 전화가 끊겼습니다. 제가 만약 걸려 온 전화에 "오! 그렇게 좋은 부동산 투자가 있어요?"라고 반문했다면 전화를 건 그분은 저에게 열심히 상품을 홍보했을 겁니다. 온갖 좋은 이야기로 말이죠. 예를 들면 '입지가 너무 좋아 앞으로 시세 차익을 볼 수 있다', '부동산 임대 관리는 임대 관리 회사에서 따로 관리해 주기 때문에 전혀 신경 쓸 게 없다', '매달 150만 원을 확정적으로 받을 수 있다' 등등이 있을 겁니다.

자, 이 이야기를 듣고 혹하셨나요? 진짜 저런 물건이 있을 거라고 생각하셨나요? 물론 제가 현장에 가지 않았기 때문에 100% 확신을 가지고 '저건 사기다'라고 말하지는 못합니다. 다만 한 가지는 쉽게 생각해 볼 수 있습니다. 만약 저에게 700만 원만 투자해서 매월 150만 원을 벌 수 있는 곳이 진짜 있다면 저는 다른 사람에게 절대 전화하지 않을 것이고 제가 투자합니다. 700만 원만이 아니라 7,000만 원을 투자해서 매월 1,500만 원을 받겠습니다. 아니, 영혼까지 끌어모아 7억 원을 투자해서 매월 1억 5,000만 원을 받겠습니다. 이제 모두 아실 겁니다. 순간 혹할 수는 있지만, 한 발자국만 뒤로 물러서서 생각해 보면 말이 안 되는 투자 상품입니다. 그래도 '혹시 가능하지 않을까?'라고 생각하신다면 어떤 사람의 오피스텔 투자 이야기를 전해드립니다.

그 지인은 아무것도 알아보지 않고 '수익률 10%, 5년 보장'에 혹해 오피스텔을 샀습니다. 보증금 500만 원에 매월 60만 원을 받을 수 있었는데요. 5년을 보장한다고 시행사에서 약속했지만, 분양이 끝나니 시행사가 사라져 버렸고 이는 지켜지지 않았습니다. 입주가 진행될 때 임대 관리 업체와 계약했는데 5년 계약이긴 하나 1년씩 협의하여 계약을 유지한다는 내용이 명시된 계약서를 작성해야 했습니다. 이에 대해 투자자들의 반발이 있었지만 하소연할 곳은 없었습니다. 결국 계약서에 서명할 수밖에 없었습니다. 1년 동안은 60만 원의 이자를 받았지만, 이후 임대 관리 업체는 연장 계약을 할 수 없다고 통보했습니다. 자신들이 판단한 것보다 임대 수입이 좋지 않아 회사 경영이 어려워졌다는 이유였습니다. 안타깝지만 지인은 제대로 알아보지 않고 성급하게 계약해 고액의 수업료를 냈습니다.

마저 하던 이야기를 하겠습니다. 부자는 금리를 따라 움직이나요? 네. 부자는 금리를 따라 움직이지만, 그곳이 안전해야 움직입니다. 상식에서 벗어나는 곳에는 투자하지 않습니다. 그럴 필요가 없기 때문입니다.

금리를 알면 부자가 될 수 있나요? 네. 금리를 정확히 알면 부자가 될 수 있습니다. 은행에서 주는 금리가 안전하면서 정확하게 받을 수 있는 이자입니다. 1년 만기 정기 예금이라면, 은행은 1년이 되는 시점에 정확하게 이자를 지급합니다. 은행 금리보다 이자를 높게 주는 상품을 누군가가 추천한다면 일단 의심부터 하셔도 좋습니다. 리스크 없이 높은 수익률을 낼 수 있는 투자라면 어디에도 공개되지 않습니다. 높은 수익률에는 위험이 따르고, 상식을 벗어난 투자는 전 재산을 송두리째 빼앗아 갈 수 있습니다.

🎗️⑩ 금리 사용 설명서

은행 정기 예금 금리는 투자의 기준입니다. 수익이 높다면 어떤 리스크가 있는지를 꼭 확인하세요. 높은 수익률을 보장하는 상품은 안전하지 않습니다.

참고 문헌

· 《3년 후 부의 흐름이 보이는 경제지표 정독법》, 김영익, 한스미디어, 2018
· 《거꾸로 즐기는 1%금리》, 김광기·서명수·김태윤·장원석, 메디치미디어, 2015.
· 《경제 시그널》, 경제브리핑 불편한 진실·이국명·박성훈, 흐름출판, 2020.
· 《경제흐름을 꿰뚫어보는 금리의 미래》, 박상현, 메이트북스, 2018.
· 《금리와 환율 알고 갑시다》, 김영익, 위너스북, 2021.
· 《금리의 역사》, 시드니 호머·리처드 실라, 리딩리더, 2011.
· 《긴축의 시대》, 김광석, 21세기북스, 2022.
· 《나는 금리로 경제를 읽는다》, 김의경, 위너스북, 2016.
· 《나는 주식 대신 달러를 산다》, 박성현, 알에이치코리아, 2021.
· 《나의 첫 금리 공부》, 염상훈, 원앤원북스, 2019.
· 《대한민국 금리와 환율의 미래》, 김효신, 트러스트북스, 2022.
· 《버블: 부의 대전환》, 윌리엄 퀸·존 D.터너, 브라이트, 2021.
· 《벤저민 그레이엄의 증권분석》, 벤저민 그레이엄, 이레미디어, 2017.
· 《세계 경제가 만만해지는 책》, 랜디 찰스 에핑, 어크로스, 2022.
· 《요즘금리 쉬운경제》, 박유연, 더난출판사, 2020.
· 《인플레이션에서 살아남기》, 오건영, 페이지2북스, 2022.
· 《읽으면 돈 되는 끝장 경제 상식》, 김형진, 한국경제신문, 2022.
· 《주린이가 가장 알고 싶은 최다질문 TOP77》, 염승환, 메이트북스, 2021.
· 《주린이도 술술 읽는 친절한 금리책》, 장태민, 메이트북스, 2021.
· 《부의 알고리즘》, 이주영, 한국경제신문사, 2021.
· 《앞으로 3년 경제전쟁의 미래》, 오건영, 지식노마드, 2019.
· 《흔들리지 않는 투자를 위한 경제지표 9》, 하이엠, 무블출판사, 2022.